ARISTIPPE
Ou
DE LA COUR
Par Feu Mr
DE BALZAC.

ARISTIPPE,

OU

DE LA COVR.

PAR

MONSIEUR

DE BALZAC.

A LEIDE,

Chez Jean Elsevier,

M. DC. LVIII.

A MESSIEVRS,

MESSIEVRS,

Mr GUILLAUME PAETS,
Preſident, Conſeiller de Rhinlande, cy
devant Deputé au Conſeil de M^{rs} les
Eſtats Generaux des Provinces Vnies;

Mr JEAN vander MAERSCHE,

Mr ARNAULD WITTENS,

Mr RIPPERT van GROENEN-
DIJCK.

BOVRGVEMAISTRES
de la Ville de LEIDE.

ESSIEVRS,

Les Intereſts des Eſtats, & les
intrigues des Cours ſont des ſcien-
ces dont l'étude eſt difficile, & où
ſouvent les plus habiles ne peu-

* 3

vent

vent atteindre. Comme elles n'ont point de principes bien certains, & que la fortune entreprend d'y donner des regles, il eſt tres malaiſé de les ſuiure, à moins que de ſe former au capric d'vn pouvoir aueugle, & d'eſtre preſt, comme le Cameleon, à toutes ſortes de changemens. De quelque prudence, & de quelque courage qu'on ſe muniſſe, il faut toûiours donner quelque choſe à la complaiſance & à la faveur, & on ne peut être ſi ferme dans la vertu, qu'on ne le cede quelquefois au temps & à la rencontre des affaires. Nous en auons des exemples aux ſiecles paſſez, nous en voyons dans le nôtre; & il s'en treuve peu dans les Cours, de qui la conduitte ſoit bien reglée, parce que les Cours elles mémes ne le ſont pas. Ce n'eſt pas, *Meßieurs*, qu'il n'y ayt quelque ſentier derobbé, par où l'on euite les mauvais chemins, & les pieges, que la fortune malicieuſe prend plaiſir à tendre.

tendre. Ceux qui ont áquis vne experience & vne probité pareille à
la vôtre, le ſçauent treuver; & vous
n'avez paſſé par tous les degrez
d'honneur, pour paruenir aux charges eminentes que vous poſſędez,
que par cette haute probité, & cette grande experience dans les affaires. Si Monſieur de Balzac, l'vn
des plus celebres Ecriuains de
France, a ſçû parfaittement bien
diſcourir de l'Eſtat & de la Cour,
vous l'auez ſçû parfaittement bien
pratiquer: mais d'vne maniere peu
commune, & faiſant toûiours mar-
cher deuant Vous l'honneur & l'intereſt du public. Ilz ont toûiours
eſté les deux guides de vos actions,
& la Ville où vous tenez auiour-
d'huy les premiers rangs, treuve
dans Vôtre adminiſtration quelque
choſe d'extraordinaire qǖi la char-
me. Je ſçay que je ſerois auoüé de
tous mes Concitoyens, ſi je pouſſois
plus auant cette penſée : mais je
crains, *Meſſieurs,* de ne l'être pas de
Vous,

Vous, & que vous ne soyez de ceux
qui croyent ne meriter de loüange,
que lors qu'ils ne la recherchent
point : mais aussy ce n'est pas vne
marque de defaut, d'en receuoir :
& il me semble qu'il est juste d'en
donner vn peu aux personnes qui
en meritent beaucoup. Je n'ose
toutesfois m'y engager, de crainte de vous deplaire, & de diminuer
plustost de l'eclat de vos vertus
par vn stile trop foible pour les ex-
primer. J'aime mieux vous assurer
que je les admire en silence, & que
je me tiendray trop heureux, si,
apres la liberté que je prens de
vous offrir cette impression, Vous
me permettez encore de me dire
auec respect,

MESSIEVRS,

*Vostre tres-humble & tres-
obeissant seruiteur*

JEAN ELSEVIER.

LE

LE
LIBRAIRE
AU
LECTEUR.

Pour t'obliger à lire ce Liure, & à l'estimer infinement, il suffi-roit que tu visses le Titre qu'il porte, & le Nom de l'Escri-vain qui l'a composé ; Et si j'en eusse creû quelques Per-sonnes sensées, qui en ont véû la Copie, ie n'eusse mis à sa te-

A 2

ste

ste autre Auertissement que celuy-là. Leur ayant toutes-fois oüy dire, que cet excellent Homme n'auoit iamais rien fait de si regulier, ni de si eloquent ; & le Gentilhomme son Allié, de qui ie le tiens, & qui le tenoit de luy, m'asseurant que de toutes les Pieces de son Cabinet, il n'en regardoit aucune auec tant d'amour, & qu'il l'appelloit son Chef-d'œuure, ie n'ay pas creû te le deuoir laisser ignorer, pour nostre auantage commun. En effet tous ses Amis & tous ses Proches sçauent,

que

que l'ayant faite dans le plus
beau feu de sa ieuneſſe, il eſtoit
perſuadé qu'elle deuoit, plus
que toutes les autres eſtablir,
ſa reputation; & teſmoignent
que s'il ne l'auoit pas publiée,
il y a plus de vingt ans, c'e-
ſtoit ſeulement afin de ſe donner le loiſir de la porter à la
plus haute perfection, dont elle ſeroit capable. Tu verras à
ſa ſuitte vne autre Piece, qui a
deſia paru, dans le Volume de
ſes Entretiens, & que Monſieur Girard y auoit miſe,
ſans ſçauoir qu'il l'euſt jointe
à ſon ARISTIPPE, com-

A 3

me

me traittant du mesme suiet.
Mais outre qu'elle est icy en
son vray lieu, tu dois encore
estre bien aise qu'elle y soit,
parce qu'elle y est, de la der-
niere reuision de son Au-
theur, & auec quelques coups
de pinçeau, qui la rendent
beaucoup meilleure.

ARI-

ARISTIPPE,
OU
DE LA COUR.

A LA
SERENISSIME
REYNE
DE SVEDE.

AVANT-PROPOS.

L'ANNE'E mille six cens dix-huit, Monſieur le Landgrave de Heſſe, Ayeul de Monſieur le Landgraue d'aujourd'huy, fit vn voyage aux Eaux de Spâ, qui luy auoient esté ordonnées par les Medecins. A son retour, se trouvant sur la frontiere de France, & ayant sçeu que Monsieur le Duc d'Espernon estoit, en son Gouuernement de Mets, il eut enuie de voir vn Homme, dont l'Histoire luy auoit tant parlé. Il auoit appris d'elle, que la Vertu auoit esleué cet Homme, & que la Fortune ne l'auoit pû abbaisser; Que ses disgraces auoient esté plus glorieuses & plus éclatantes que sa faveur; Qu'il eut la force de resister à vn Parti, qui faillit à renuerser l'Estat; & qu'il merita les bonnes graces d'vn Roy, auquel il ne manquoit rien que d'estre né, en vn meilleur Siecle.

Monsieur le Landgraue, touché de l'admiration d'vne si longue & si durable vertu, iugea cet illustre Vieillard, digne de sa curiosité, & luy fit l'honneur de le venir visiter à Mets.

à Mets. Par malheur, la Goutte
le prit le lendemain qu'il y arriua :
Et quoy qu'elle euſt accouſtumé
de le traiter aſſez doucement,
eſtant pluſtoſt vn repos forcé,
qu'vne veritable douleur, il falloit pourtant la receuoir en malade, & garder le lit, tant qu'elle
duroit. Cette attache le retint
plus qu'il ne penſoit, en vn lieu,
où ſans cela il ne ſe fuſt pas en-
nuyé. Elle nous donna auſſi le
moyen de le conſiderer de plus
prés.

Comme il eſtoit Prince qui ay-
moit les Lettres, il employoit les
heures de ſon loiſir, & les inter-
valles meſmes de ſes maux, ou à
lire les bons Liures, ou à s'entretenir, auec les Sçauans, qui les
entendoient. Alors il y en auoit
vn prés de ſon Alteſſe, dont elle
faiſoit vne eſtime particuliere, &
qui en effet n'eſtoit pas vn homme
commun. D'ordinaire elle l'ap-
A 5   pelloit

pelloit SON ARISTIPPE, &
quelquefois SON SAGE SÇA-
VANT, pour expliquer le nom
d'ARISTIPPE, qu'elle luy auoit
donné.

C'eſtoit vn Gentilhomme de iugement exquis , & d'experience
conſommée ; Catholique de Religion, François de naiſſance, & ori-
ginaire d'Allemagne ; âgé de cin-
quante-cinq ans ou enuiron. Il
auoit le don de plaire, & ſçauoit
l'art de perſuader. Il ſçauoit de
plus, la vieille & la nouuelle Cour;
& ayant obſervé dans pluſieurs
voyages qu'il auoit faits, les mœurs
& le naturel des Princes & de leurs
Miniſtres, on trouuoit en luy vn
Threſor des choſes de noſtre
Temps ; outre les autres connoiſ-
ſances qu'il auoit puiſées dans
l'Antiquité, & acquiſes par la Meditation.

Ie fus ſi heureux que de faire d'a-
bord amitié aueque luy. Il me preſenta

senta à Monsr. le Landgraue, & dit du bien de moy à toute sa Cour. Il fit mesme trouuer bon à son Altesse, que i'assistasse aux conuersations qu'ils auoient ensemble, à l'issuë de son disné. En partant d'Allemagne, ils auoient choisi Corneille Tacite, pour estre le compagnon de leur voyage, & ne s'en estoient pas mal trouuez. Il les auoit diuertis à Spâ , & par les chemins ; & lors qu'ils arriuerent à Mets, ils en estoient au commencement de l'Empire de Vespasien.

Aristippe estoit le Lecteur & l'Interprete : Apres auoir leû , il faisoit des reflexions sur les choses qu'il venoit de lire ; quelquefois en peu de mots, & passant legerement sur les choses ; quelquefois aussi en s'y arrestant, & par des discours assez estendus ; selon que la matiere le desiroit , ou que Monsieur le Landgraue l'exigeoit de luy. Il y auoit plaisir à ouïr vn Philosophe parler

parler de la Cour ; & si ce Sophiste qui se rendit ridicule deuant Annibal n'eust pas plus mal-parlé de la Guerre, ie m'imagine qu'Annibal ne se fust pas moqué de luy.

Les affaires publiques sont souvent sales & pleines d'ordure : On se gaste pour peu qu'on les touche : Mais la speculation en est plus honneste que le maniment : Elle se fait auec innocence & pureté. La Peinture des Dragons & des Crocodiles, n'ayant point de venin qui nuise à la veuë, peut auoir des couleurs qui resiouissent les yeux ; Et ie vous auouë que le monde qui me desplaist tant en luy-mesme, me sembloit agreable & diuertissant, dans la conuersation d'Aristippe.

En cette conuersation, habile & sçauante, comme dans vne Tour voisine du Ciel, & bastie sur le rivage, nous regardions en seureté, l'agitation & les tempestes du Monde. Nous estions Spectateurs

des

des Pieces qui se ioüoient par toute l'Europe: Aristippe nous faisoit
les Argumens de celles qui se de-
voient ioüer, & sa Prudence tant
acquise que naturelle, sçachant
tout le Passé & tout le Present,
nous apprenoit encore quelques
nouuelles de l'Aduenir. I'estois at-
taché à sa bouche, depuis le commencement de la Conuersation
iusques à la fin, & ie l'escoutois
auec vne attention si peu diuertie,
qu'il ne m'eschapoit pas vn seul
mot de ce qu'il disoit. Mais pour
faire place à ce qu'il deuoit dire le
lendemain ; estant retiré en ma
chambre, i'escriuois le soir les Discours que i'auois oüis l'apresdinée,
& me déchargeois sur le papier,
d'vn fardeau de perles & de diamans,
comme les appelloit le bon Monsieur Coeffeteau, à qui ie les com-
muniquois tous les matins.

En ce temps-là, i'auois autant
de suiet de me loüer de la fidelité
de

de ma memoire, que j'ay raiſon de me plaindre des ſupercheries, qu'elle me fait auiourd'huy. Seneque le Pere conte des miracles de la ſienne, dans la Preface de ſes Controuerſes. Ie ne vay pas ſi auant que luy, & ne veux rien auancer de moy, qui ſente le Charlatan. Mais il eſt tres-vray que, l'année meſme des Conuerſations d'Ariſtippe, ayant eſté à vn Sermon qui dura deux heures, ie l'eſcriuis tout entier, à mon retour de l'Egliſe; veritablement ſans m'aſſuiettir aux paroles auecque ſcrupule, mais auſſi ſans perdre quoy que ce ſoit de la ſubſtance des choſes.

Il y a encore des teſmoins de ce que ie dis : I'en puis nommer d'eminente qualité, qui ſont pleins de vie; Et perſonne ne doit trouuer eſtrange, qu'apres vn effort de memoire, qu'on crût n'eſtre pas petit, ie me ſois ſouuenu de ſept Diſcours de mediocre grandeur, qu'Ariſtippe

pe fit, fept iours de fuite. Vne li-
gne de l'Hiftoire de Vefpafien luy
fervit de Texte pour commencer,
& les prieres de Monfieur le Landgraue l'obligerent à ne pas finir fi-
toft.

De parler du merite des Difcours, ie ne penfe pas qu'il foit neceffaire. Ie ne veux point alleguer
l'approbation qu'ils ont euë, deçà
& delà les Monts. Il me fuffira de
dire qu'ils ont efté leûs par ceux
qui corrigent les Edits & les Or-
donnances , & que Monfieur le
Cardinal de Richelieu, les ayant
portez aueque luy en Italie, me les
rendit à Paris, au retour du fatal
voyage de Lyon. Ce fut non feulement auec des paroles tres-ciuiles,
mais auffi auec des Notes tres-
obligeantes, dont il borda les mar-
ges du Manufcrit. *Voila qui me plaift.*
Il ne fe peut rien de plus ioly. Cecy fe
peut dire beau. Ie fçay bien de qui il en-
tend parler, &c.

Ces

Ces fortes de marques , qu'il auoit accouftumé de faire fur les Compofitions d'autruy font connuës de ceux qui le voyoient dans la vie fecrette , & qui eftoient receus en fon Cabinet , aux heures de fes diuertiffemens. Tant y a que fon Eminence eut la bonté de ne rien prendre pour foy , de tout ce qu'elle leût dans les fept Difcours: Elle diftingua les temps & les lieux ; & me fit la grace de confiderer , que quand Ariftippe parloit à Mets, elle eftoit encore Monfr. de Luçon , & que Monfr. de Luynes n'eftoit pas encore Conneftable.

Mais il n'eft pas temps de raconter les Auantures des Difcours, puis qu'elles ne font pas encore finies , & qu'il leur refte vn voyage à faire , aux dernieres parties du Septentrion. Leur Eloge, non plus , ne doit pas eftre tiré du tefmoignage qu'on a rendu d'eux,

en

en France & en Italie : Il faut l'attendre du iugement qu'en fera la
Reine, à laquelle ie les enuoye
en Suede. Eſtant éclairée au point
qu'elle l'eſt, elles les connoiſtra
mieux par leur monſtre que par le
rapport d'autruy ; & preſuppoſé
qu'elle les deſire, il vaut mieux
contenter d'abord ſa curioſité, que
de laſſer ſa patience dans vne longue Preface.

N'apportons point tant de façon
à noſtre Preſent, & faiſons paroiſtre Ariſtippe deuant elle, le plû-
toſt que nous pourrons. Ne nous
amuſons point à l'Inutile des Dia-
logues : Le plus ſouuent il emba-
raſſe le Neceſſaire. Il ſe pert trop
de temps aux ciuilitez & aux complimens ; aux bons iours & aux
bons ſoirs. I'ay crû qu'il ſeroit bon
de retrancher toutes ces ſuperfluitez, & d'apporter icy les choſes
pures & ſimples, comme ie les
conſeruay auec ſoin, dans mes papiers,

piers, apres les auoir recueillies, auec plaifir, de la bouche d'Ariftippe.

Mais auant que de paffer outre, il n'y aura point de mal de faire ce que feroit Ariftippe, s'il eftoit au Monde, & qu'il fuft luy mefme fon Hiftorien. Ayant commencé par vn NOM, qui portera bonheur à noftre Volume; fans differer dauantage, rendons luy les hommages qui luy font deûs. La vertu de CHRISTINE merite quelque chofe d'extraordinaire : Mais le Temps prefent eft pauure, pour vne telle reconnoiffance : Il faut luy chercher des honneurs dans la vieille Rome , & au Païs des Triomphes. Et pourquoy ne renouuellerons nous pas en cet endroit l'ancien vfage des Acclamations, qui eftoient des Triomphes de tous les iours? Ils ne demandent point de pompe, comme les autres, & la defpenfe s'en peut faire par la Pauureté. *Qu'on*

Qv'on loüe donc, qv'on benisse la fille du grand Gustave, la grande, l'incomparable Christine: povr les bons exemples qv'elle donne a vn mavvais siecle ; povr avoir achevé la gverre, et povr avoir fait la paix, povr sçavoir regner, et povr n'ignorer rien de ce qvi merite d'estre scev. C'est Christine qvi s'est opposée a la Barbarie, qvi revenoit, et qvi a retenv les Mvses, qvi s'enfvyoient. C'est elle qvi connoist sovverainement des Sciences et des Arts. Elle met le prix avx ovvrages de l'esprit. Comme elle reçoit des applavdissemens de tovs les pevples, elle rend des Oracles en tovtes les langves. On ne pevt point appeller de ses opinions; non pas mesme a la posterité.

Si cela est, & si elle approuue mon

mon Liure, ou il sera asseuré de
l'approbation publique, ou il n'en
aura pas besoin. Mais il ne faut
pas faire ce tort au Public, de croire qu'il puisse estre d'vn autre auis
que CHRISTINE. Le Monde
ne voudroit pas desplaire à vne
Personne, qui luy fait tant d'honneur, & qui l'embellit si fort ; en
contre-disant la mesme Personne,
qui iuge si sainement, & qui opine
si bien.

ARI.

ARISTIPPE
OU
DE LA COUR,

DIVISÉ
EN SEPT DISCOURS.

DISCOURS
PREMIER.

C'eſt vne opinion ſingu-
liere de certains Philoſophes affirmatifs , *Que le*
Sage n'a beſoin de perſonne , & que tout
ce qui eſt ſeparé de luy , ne luy ſert de
rien. Par là ils oſtent l'Amitié du
nombre des choſes neceſſaires , &
luy donnent rang ſimplement, parmi celles qui ſont agreables. Et
neantmoins de plus honneſtes gens
qu'eux , ie veux dire les Philoſophes de la Famille de Platon & de
celle d'Ariſtote , ont crû que ſans
l'amitié, la felicité eſtoit imparfai-
te & defectueuſe,& la vertu foible
& impuiſſante. Ils ont dit que les
Amis eſtoient les plus vtiles , &
les

les plus defirables des Biens eftrangers. Ils les ont confiderez, non
pas comme *les ioüets & les amufemens
d'vn Sage en peinture*, mais comme
*les aides & les appuis d'vn homme du
Monde.*

Il n'y a que Dieu feul, qui foit
pleinement content de foy-mef-
me, & de qui il faille parler en termes fi hauts & fi magnifiques : Il
n'y a que luy, qui, eftant riche de fa
propre effence, joüiffe d'vne Solitude bien-heureufe, & abondante
en toutes fortes de biens ; luy qui
puiffe operer fans inftrumens,
comme il agit fans trauail ; luy qui
tire tout du dedans de fa nature,
parce que les chofes en font forties
de telle façon, qu'elles ne laiffent
pas d'y demeurer. Les Hommes
au contraire ne peuuent, ni viure, ni
bien viure; ni eftre hommes, ni eftre
heureux, les vns fans les autres.
Ils font attachez enfemble, par
vne commune neceffité de commerce.

merce. Chaque Particulier n'eſt pas aſſez de n'eſtre qu'vn, s'il n'eſ-ſaye de ſe multiplier en quelque ſorte, par le ſecours de pluſieurs; Et à nous conſiderer tous en general, il ſemble que nous ne ſoyons pas tant des Corps entiers, que des Parties couppées que la Societé reünit.

Les Offenſez demandent iuſtice, les Foibles ont beſoin de ſupport, les affligez de conſolation ; mais tous ont vniuerſellement beſoin de conſeil. C'eſt le grand Element de la Vie ciuile : Il n'eſt gueres moins neceſſaire que l'eau & le feu: & les deux moyens d'agir, que la Nature nous a fournis, ſe rapportent à cette fin; LA RAISON ET LA PAROLE nous ayant eſté données principalement, pour le CON-SEIL. Les beſtes ſont emportées, par la ſubite impetuoſité de leur naturel, & par la preſence du premier objet. Les Hommes ſe

B

con-

conduifent, par la deliberation , &
par le difcours. Ayant le don de
chercher, & de choifir, ils peuuent
paffer d'abord du Prefent à l'Auenir, & du Premier au Second, pour
s'y arrefter, s'ils s'y trouuent bien.

Les Pyrates fe feruent de Confeil : Le Confeil eft en vfage parmi les Sauuages ; A plus forte raifon parmi les Peuples ciuilifez.
Mais par tout, il faut que les Sages
l'empruntent d'autruy , parce que
leur Sageffe leur doit eftre fufpecte , aux chofes qui les regardent.
L'Homme eft fi proche de foy-
mefme , qu'il ne peut trouuer d'entre-deux, ni d'efpace libre, pour le
debit du confeil qu'il fe veut donner : il ne fçauroit empefcher que
les deux Raifons , qui deliberent
en luy , ne fe confondent dans la
communication , celle qui propofe
eftant trop meflée , auec celle qui
conclut.

Il faut donc que celuy qui confeille,

feille , foit vne perfonne à part , &
diftincte de celuy qui eft confeillé.
Il faut qu'il y ait vne diftance pro-
portionnée, entre les objets, & les
facultez qui en iugent ; Et comme
les yeux les plus aigus ne fe peuvent voir eux-mefmes, auffi les iu-
gemens les plus vifs manquent de
clarté , en leurs propres interefts.
Quelque connoiffance naturelle
que nous ayons , & quelque lumiere qui nous vienne de plus haut,
nous ne deuons point reietter les
moyens humains , ni mefprifer ce
furcroift de raifon,& ce plus grand
efclairciffement de verité, qui fe tire de la Conference.

Reconnoiffons l'imperfection
de l'Homme, feparé de l'Homme,
& l'auantage qu'a la Société, fur la
Solitude. Puis que l'Amy de Dieu,
& le Conducteur du Peuple de
Dieu, bien qu'vne Nuée miracu-
leufe marchaft le iour deuant luy ;
bien que la nuit vne Colonne de

B 2	feu

feu fist la mesme chose, & qu'elles
se posassent au lieu où il falloit
camper , ne laissa pas de prendre
vn Guide, pour s'en seruir aux autres difficultez qui pouvoient sur-
venir en son voyage ; y aura-t'il
quelqu'vn, apres cela, qui ne demande des guides , & qui ne cherche des aides ? Qui se fiera de telle
sorte aux auantages de sa naissance?
qui s'endormira si negligemment
sur les faueurs qu'il attend du Ciel,
que de s'imaginer que l'assistance
d'autruy luy soit inutile, que de
croire que sa seule fortune, & sa
seule sagesse luy suffisent , pour
bien gouverner, & pour bien conduire ?

Ceux qui se sont esleuez au delà
de la commune condition des hommes, y sont montez par quelques
degrez : Ce n'est pas le Hazard qui
les a iettez, au dessus des autres; Ce
n'est pas aussi leur Vertu qui a tout
fait; Les Seruices de quelqu'vn
se

se rencontrent ordinairement, parmy les Merueilles de leur vie ; & il est visible par la suite de tous les temps, que les Princes qui ont le plus gaigné, sont ceux qui ont esté le mieux secondez. De tant d'exemples, dont il y a foule dans les Histoires, ie ne veux que celuy, sur lequel nous-nous arrestasmes hier, & qui obligea son Altesse à me faire parler aujourd'huy.

Vespasien auoit vescu sous la Tyrannie, & s'estoit sauvé par miracles des mains de Neron. Mais il ne se contenta pas de son propre salut, apres la mort de ce Monstre : Il prit du cœur, & entreprit dauantage, pour le Bien Public. Voyant que d'autres Nerons menaçoient le Monde, & que de nouveaux Monstres se deschaisnoient, il se hazarda de conseruer le Monde, en se saisissant de l'Em-

B 3

pire.

pire. Il embraſſa la protection du
Peuple Romain, dont la fleur eſtoit
preſque toute tombée, par le glai-
ve, ou par le poiſon; & le demeurant s'eſpuiſoit chaque iour, à rem-
plir les Iſles & les Cachots. Il en
fuſt pourtant demeuré à ſa bonne
volonté, & à ſes bonnes intentions:
Il euſt veû acheuer d'eſteindre
toutes les lumieres du Senat, & pe-
rir la Republique deuant ſes yeux,
ſans les puiſſantes ſollicitations, &
les viues pourſuites de Mucien, qui
luy mit, comme par force, la Couronne ſur la teſte, & le fit Empereur, en deſpit de luy.

Il esbranla premierement l'e-
ſprit de Veſpaſien, qui ſe tenoit
aux choſes preſentes, bien qu'il ne
les approuuaſt pas, & n'oſoit eſtre
autheur du changement qu'il deſi-
roit. Et apres l'auoir ietté dans l'ir-
reſolution, il le preſſa de tant de
raiſons, & le combatit de tant d'e-
loquence, qu'il fut à la fin contraint
de

de faire le reſte du chemin, & de
s'engager, dans la Cauſe Publique,
par vne ouuerte declaration.

Or il eſt beſoin de ſçauoir, que
ce Mucien n'eſtoit pas homme à
n'apporter dans vn Party, que de
belles paroles, & de bons deſirs.
D'abord il fortifia Veſpaſien
d'hommes & d'argent; Il luy ac-
quit des Prouinces, & luy amena
des Legions. Il n'eſpargna point
ſa perſonne, quand il crut qu'il
faloit payer de la vie, & voulut
eſtre l'Executeur de la pluſpart des
choſes, dont il auoit eſté le Conſeiller.

Les Princes à faire ne peuuent ſe
paſſer de ces gens-là, & les Princes
faits en ont grand beſoin. Il n'y en
a iamais eu de ſi fort, qui de ſa ſeule
force ait pû porter le faix de tout le
Gouuernement; Iamais eu de ſi ia-
loux de ſon authorité, qui ait pû regner tout ſeul, & eſtre veritablement *Monarque*, à prendre le mot,

 dans

dans la rigueur de sa signification.
Aussi est-ce vn ieu & vne inuen-
tion des Platoniciens, pour flater
la Royauté, & la mettre au deslus
de la condition humaine, de dire
que Dieu donnoit deux esprits aux Rois,
pour bien gouverner. Platon se iouë
souvent de la sorte : Il philosophe
poëtiquement , & mesle la Fable
dans la Theologie. Ce double Esprit est de sa façon; Et il vaut encore mieux l'expliquer de l'Esprit du
Roy, & de celuy de son Confident,
que d'auoir recours aux Miracles,
qu'il ne faut employer qu'en cas de
necessité , non pas mesme pour
l'honneur & pour la gloire des Rois.

Il est certain qu'ils ont vn fardeau si disproportionné à la foiblesse d'vn Seul , que s'ils ne s'ap-
puyoient sur plusieurs , ils feroient
vne cheute , dés le premier pas
qu'ils voudroient faire. S'ils n'ap-
pelloient leurs Amis à leur secours,
& s'ils ne diuisoient la masse du
Monde,

Monde, ils feroient bien-toſt punis de la temerité de leur ambition, & accablez de la peſanteur de leur fortune. La multitude des ſoins qui leur viennent de toutes parts, ne leur laiſſeroit pas la reſpiration libre : la foule des affaires les eſtoufferoit, à la premiere audience qu'ils voudroient donner.

Il y a diuers degrez de Seruiteurs, qui trouvent tous leur place, dans l'adminiſtration de l'Eſtat. Il y a des Eſprits d'vne mediocre capacité, qui defrichent, qui preparent, qui entament les affaires. Ils ſont bons à commencer la beſogne. Ils font les chemins, & oſtent les difficultez, qui ſont à l'entour des choſes. Le Prince met ces Eſprits à tous les iours, & ſe deſcharge ſur eux, des plus groſſieres fonctions de la Royauté.

Il y a d'autres Eſprits d'vne plus haute eleuation, à qui il peut fier de plus importans em-

B 5

plois,

plois, & donner vne plus noble part en ſes deſſeins. Ceux-cy gouvernent ſous luy, & aueque luy, & ne ſont pas mauuais Pilotes, dans les Saiſons douces, & ſur les Mers peu agitées.

Mais que le Prince eſt heureux & que le Ciel l'aime, s'il ſe rencontre, en ſon temps, des Eſprits du premier Ordre; des Ames egales aux Intelligences, en lumiere, en force, en ſublimité; des Hommes que Dieu crée expres, & qu'il envoye extraordinairement, pour preuenir, ou pour forcer les maux de leur Siecle; pour empeſcher ou pour calmer les orages de leur Patrie.

Ce ſont les Anges tutelaires des Royaumes, & les Eſprits familiers des Rois. Ce ſont les Seconds des Alexandres & des Ceſars. Ils ſoulagent le Prince, dans ſes grands trauaux: Ils partagent aueque luy les ſalutaires inquietudes, ſans leſquelles

quelles le Monde n'auroit point de tranquillité. Si dans les Eſtats où nous viuons , nous auons de ces gens là, beniſſons leurs Veilles, qui ſont ſi neceſſaires au Repos public, & ſous la protection deſquelles nous dormons ſeurement, & à noſtre aiſe. Ces excellentes Veilles ne ſeroient-elles point cauſe, Monſeigneur, que les Poëtes Grecs ont donné à la Nuit le nom DE SAGE ET DE CONSEILLERE? Ie viens de me l'imaginer ; & les Grammairiens donnent bien quelque-fois aux Poëtes des explications plus eloignées.

Les Poëtes, Voſtre Alteſſe le ſçait mieux que moy, ont eſté les plus anciens Precepteurs du genre humain. Ils luy ont enſeigné les premiers principes de la Politique & de la Morale. Icy donc, comme ailleurs , ils ont deſcouuert & marqué du doigt la Verité : Les Philoſophes l'ont depuis eſtalée & miſe

en

en son iour. Ayant reconnu cette
neceſſité de Societé, & ce defaut
qui ſe trouve dans la Solitude, outre leur *Iupiter Conſeiller*, & leur *Mi-*
nerue Conſeilliere; outre les Dieux
& les Demons, dont ils ont accom-
pagné leurs Heros, ils leur ont encore donné des Hommes, pour les
aſſiſter en leurs entrepriſes, ou
d'autres Heros, pour entreprendre
& pour agir auec eux.

A meſure qu'Hercule coupe les
teſtes de l'Hydre, Iolas y appli-
que le feu, afin de les empeſcher
de renaiſtre. Diomede ne fait
rien, ſans Ulyſſe. Les actions d'A-
gamemnon naiſſent des conſeils
de Neſtor: Et ce Prince, ayant à
faire vn ſouhait, qui comprenne
ne tous les autres, ne deſire, ny de
plus puiſſantes forces que les ſien-
nes, ny des richeſſes qu'il n'auoit
pas, ny la deſtruction de l'empire
d'Aſie, ny l'accroiſſement de celuy de Grece, mais ſeulement *dix*
hommes

hommes qui fuſſent ſemblables à Neſtor:
Agamemnon nous monſtrant par
là, que dans la crainte qu'il auoit
de perdre Neſtor, veû l'extreme
vieilleſſe où il eſtoit, il apprehendoit de manquer de gens, pour
mettre en ſa place ; & Homere
nous faiſant voir, qu'vn Neſtor ſe
peut quelquesfois trouver en vn
Siecle, mais que dix Neſtors ne ſe
peuvent que ſouhaiter.

Ce ſouhait n'a point fait de tort
à la bonne renommée d'Agamemnon : La Grece ne luy a point re-
proché de s'eſtre laiſſé gouverner
à Neſtor : Pour cela, le Roy des
Roys n'a pas eſté eſtimé moins ſage, ny moins digne de la ſouveraine Authorité. Au contraire, c'eſt
vn Axiome dans la Politique, qui
paſſe pour vne propoſition d'eter-
nelle verité, & qui eſt auſſi vieux
que la Politique meſme, *Qu'vn*
Prince mal-habile ne ſçauroit eſtre, ni
bien conſeillé, ni bien ſervi.

Que

Que fi receuoir confeil, prefup-
pofe quelque auantage, du cofté
de celuy qui le donne; l'inferiorité
de la part de celuy qui le reçoit, ne
laifle pas d'auoir fon merite. Il eft
à fon tour le Superieur: Il reprend
la premiere place, quand il met la
main à l'œuure, & que, par l'exe-
cution des chofes deliberées, il
change les regles en exemples, &
les belles paroles en bons effets.
Car quoy qu'on ait dit autrefois à
Rome, *que Lælius eftoit le Poëte, &*
que Scipion eftoit l'Acteur, & qu'il foit
vray que celuy qui compofe les
vers agit plus noblement que celuy qui les recite; il n'eft pas pourtant vray que la Perfonne, qui exe-
cute les entreprifes glorieufes,
produife vne operation moins re-
leuée que celle, qui feulement les
confeille. Le Confeiller ne con-
ferue fon auantage, que dans les
commencemens des Chofes, mais
il le perd dans l'euenement : Et,

dans

dans les commencemens mesmes,
il ne l'a pas tout entier ; celuy qui
est conseillé , ne demeurant pas
inutile & sans mouuement, tandis
que dure l'action de celuy qui le
conseille.

La Nature semble nous mon-
strer ce que nous disons, & en a
formé ie ne sçay quel crayon dans
l'ame de l'Homme, où l'Intellect,
qu'on nomme patient, & qui est le
siege de la doctrine, quoy qu'il soit
eclairé, par la lumiere de l'Intellect qui agit, ne souffre pas neantmoins de telle sorte, que de son
chef aussi il n'agisse. Il juge de la
connoissance qu'il a receuë : Il
tourne, il remuë, il desplie, il estale
en luy-mesme cette connoissance.
Apres l'auoir comparée aux autres, il en recueille des consequen-
ces & des conclusions. Et ainsi on
peut dire, qu'il trauaille en compagnie : Et s'il pâtit, c'est de la
plus belle espece de passion, qui ne
gaste

gafte & ne corrompt pas , comme celle d'vne playe , ou d'vne bruſlure , mais qui acheue & qui perfectionne , comme celle de l'illumination en l'Air , & de la reception des images dans les yeux.

Parlons moins ſubtilement , & d'vne maniere plus populaire. Concluons qu'il eſt neceſſaire d'avoir des mains , pour s'aider vtilement des outils ; & d'auoir de la prudence, pour vſer comme il faut de celle d'autruy. La Sageſſe elle-meſine eſt irreſoluë & peu aſſeurée, quand elle manque d'approbation , & qu'elle eſt reduitte à ſon propre teſmoignage. Le raiſonnement concerté ne nuit point à la premiere apprehenſion que nous auons de la verjté des choſes ; & noſtre Ariſtote dit là deſſus , *que le ſel ne fait point de mal au poiſſon de mer, & que l'huile aſſaiſonne les oliues.* Le Courtiſan eſtourdi & intereſſé, met toutes les affaires en deſordre,

dre, & ruïne au lieu d'edifier: Mais
le Ministre sage & fidele, qui diui-
se egalement son affection, entre
le Roy & l'Estat, rend de tres-
grands seruices à l'vn & à l'autre,
& se peut dire, à mon auis, aueque raison, *le temperament de la
puissance d'vn seul, & le bien commun
de la Republique.*

Mais mon opinion particuliere seroit peu de chose, & n'auroit pas assez de force, pour former & conclure ce Discours, si
ie ne la confirmois par la reconnoissance publique, enuers des
personnes si vtiles au bien general du Monde, & par les preu-
ves eclatantes d'affection & d'e-
stime, que les Princes ont ren-
duës eux-mesmes, à la sagesse,
& à la fidelité de leurs Ministres.

Ie laisse la Grece, où ils ont regné aueque les Rois; Je laisse la
Perse, où les Rois ont regné par
eux,

eux, & où ils estoient nommez *les yeux du Roy* ; c'est à dire, comme l'explique vn excellent homme, les yeux du Roy, toûiours ouuers & touſiours veillans, pour le ſalut du Royaume ; qui regardent en meſme temps, deuant, derriere, à droit, & à gauche.

Ie m'arreſte à Rome, où les Empereurs voulant corriger l'amertume qui ſe trouue dans les mots de ſervitude & de ſuiection, ont honnoré pareils Seruiteurs du titre *d'Amis*. Ils les ont appellez *leurs Compagnons* ; *quelquesfois les Compagnons de leurs peines*, *les Compagnons de leurs guerres, & de leurs victoires*, & ont meſme trouué bon que le Peuple les appellaſt ainſi.

Ils leur ont fait eriger des Statuës, vis à vis des leurs. Ils les ont fait depoſitaires de leur Eſpée, auec permiſſion de s'en ſeruir contre eux-meſmes, ſi le bien de l'Eſtat le requeroit, & s'ils ſe ren-

doient

doient indignes de leur puiſſance.
Ils ont fait battre de la monnoye,
où eſtoit l'Image d'vn General de
leurs Armées, & ces paroles à l'entour, Belizaire la gloire
des Romains : Et on voit encore auiourd'huy vne Medaille
d'argent, d'vn coſté de laquelle eſt
repreſentée la figure de Valenti-
nien, & de l'autre coſté celle d'vn de
ſes Suiets, aſſis dans la Chaire Con-
ſulaire , tenant des papiers en la
main droitte, & en la gauche vn ba-
ſton, auec vn Aigle perché deſſus.
On peut voir auſſi dans l'Hiſtoire
Auguſte, ce ſuperbe Monument,
conſacré à la memoire d'vn grand
Miniſtre , a Misithee le
pere des Princes, et le
Tvtevr de la Repvbli-
qve.

L'Inſcription eſt ſinguliere, &
la qualité *de Pere du Prince* n'eſt pas
commune, pour ce temps-là, le
ſiege de l'Empire n'ayant pas encore

re esté transferé de Rome à Constantinople; car apres que cela fut,
cette qualité fut comme erigée en
titre d'office, & on appelloit vul-
gairement ceux qui auoient la
principale direction des affaires,
LES PERES DE L'EMPIRE,
ET DE L'EMPEREVR.

L'Histoire escrite, depuis Constantin, ne parle d'autre chose que
de cette Dignité *du Patriciat.* La
Poësie mesme ne s'en est pas teuë;
& il y a encore des Vers moqueurs,
que fit le Poëte Claudien, contre
l'Eunuque Eutropius, Consul &
Patrice de l'Empire. Sa cheute est
celebre dans les Liures de ce Sie-
cle-là, & Saint Jean Chrysostome
en a fait vn Homilie presque toute
entiere. Les Vers moqueurs mar-
quent particulierement la confis-
cation de son bien, & en voicy le
sens à peu pres, si ma memoire ne
me trompe. *Pourquoy pleures-tu la*
perte de tes richesses, qui tomberont en-
tre

tre les mains de ton Fils ? L'Empereur sera ton Heritier, & ce n'est que de cette sorte qu'il faloit que tu fusses le Pere de l'Empereur. Mais ma memoire m'est reuenuë, & le François m'a fait trouver le Latin;

Direptas quid plangis opes, quas Natus habebit ?

Non aliter poteras Principis esse Pater.

Surquoy me ressouvenant que la Croix de JESVS-CHRIST auoit pris la place des Aigles Romaines, & qu'alors les Empereurs estoient deuenus domestiques de la Foy, & membres de l'Eglise, d'Estrangers & de Persecuteurs qu'ils estoient auparauant; j'ay pensé qu'ils pouvoient auoir emprunté ce terme des Lettres Saintes,& du discours du Patriarche Joseph.

Ce grand Ministre se glorifie, dans la Genese, *que Dieu l'a donné pour Pere à Pharaon,* (quoy que peut-estre il fust plus jeune que luy) *qu'il a esté establi Prince de toute la Maison Royale,*

Royale, & *Seigneur de tout le païs d'E-gypte :* Et les mesmes Lettres Saintes nous apprennent, vn peu devant, que Pharaon tira sa bague de son doigt, & la mit en celuy de Ioseph ; qu'il le fit monter sur vn Chariot de triomphe; qu'il fit faire commendement par vn cri public, que tout le monde se prosternast deuant luy ; qu'il luy dit en pleine & generale assemblée, *Tu es, ne plus, ne moins que Pharaon,* & *ie n'ay rien que mon Nom,* & *mon Throsne plus que toy.*

Il ne se peut rien adiouster à vn si illustre tesmoignage du ressentiment d'vn Prince bien conseillé : Et ie vous prie, qu'y a-t'il à dire & à s'imaginer, apres cela ? Vous voyez que la plus haute idée, que i'auois pû conceuoir de la dignité du Ministere, est authorisée par le plus ancien de tous les exemples de cette nature. Il n'y a pas moyen d'aller plus loin, dans l'Histoire; &

ie

ie vous auoüé, Monseigneur, que
ie sens quelque tentation de vaine
gloire, de ce qu'vn grand Pro-
phete m'explique par la bouche
d'vn grand Roy.

DISCOURS
DEUXIESME.

CETTE Verité establie,
que les Rois ne sçau-
roient regner sans Mini-
stres; il est presque aussi vray,
qu'ils ne sçauroient viure, sans Fa-
voris. Le Bien ne s'arreste pas au
lieu de sa source : Il veut couler &
s'espandre ; Et ce n'est qu'vn Bien
commencé, s'il ne croist par la
communication, & s'il ne s'ache-
ve, en se dilatant. Mais adioustons
quelque chose de plus estrange &
d'aussi certain. On nous a asluré il
y a long-temps, de la part de la
Raison,

Raiſon, *que ſi vn Homme eſtoit tout ſeul dans le Ciel, & qu'il ne fuſt pas en ſa puiſſance d'en faire part à vn autre, il s'ennuyeroit de ſa propre felicité, & voudroit deſcendre du Ciel en Terre.*

Ie dis donc ſur ce fondement, que les plus ſages Princes qui ſoient au Monde; que les Auguſtes & les Antonins, s'ils y reuenoient; que les Conſtantins & les Theodoſes, peuuent auoir de legitimes affections, & aimer raiſonnablement celuy-cy plus que celuy-là.

Que ce soit vostre Peuple, qui soit vostre Favori: Cet auis fut donné autresfois à vn grand Prince, mais par vn Philoſophe vn peu trop ſevere. De deffendre aux Rois le plus doux vſage de la volonté, & de les deſpoüiller de la plus humaine des paſſions, ce ſeroit eſtre Tyran des Rois, & ne leur permettre pas qu'ils fuſſent hommes:

ce

ce feroit les lier à la grandeur de leur condition, & les cloüer fur le Throfne. Quelle rigueur, de vouloir qu'ils n'apparoiffent iamais, fous vne forme femblable à la noftre ? qu'ils ne puiffent iamais fe desfaire d'vne gravité qui les incommode? Eft-ce vn crime d'auoir vn Confident, dans la Compagnie duquel on vienne chercher du repos apres le trauail, & des diuertiffemens apres les affaires ?

La vertu n'a garde d'eftre auftere & farouche à ce point là : Elle ne deftruit pas la Nature ; Elle en corrige feulement l'imperfection; Elle fçait rendre iuftice ; mais elle fçait auffi faire grace : Elle donne rang dans la Charité à qui que ce foit ; L'eftranger y eft receu comme l'Hofte, & le Barbare comme le Grec ; Mais elle referue l'Amitié pour le petit nombre : Elle n'efpoufe pas tout ce qu'elle embraffe.

C   Dans

Dans le Ciel, où se trouuent les Idées & les premieres formes des choses, n'y a-t'il pas des regards bien-faisans, & des inclinations fauorables, pluftoft pour ceux-cy, que pour ceux-là, d'où naiſſent ſur la Terre les Predeftinez & les Eleus? N'y a-t'il pas eu vne Nation choiſie, qui a efté preferée à toutes les autres Nations? Elle a efté nommée *la part & l'heritage du Seigneur*: Le Seigneur luy a dit, *Ie ſeray ton Dieu, & tu ſeras mon Peuple.* Dans la Maiſon des Patriarches, cette preference eft touſiours tombée d'vn cofté, à l'excluſion de tout le refte. Les Cadets ont emporté le droit d'Aifneſſe, & les auantages de la Nature ont fait place aux ordres de Dieu.

Et quand le Fils de Dieu luy-meſme eft venu au Monde; outre les ſoixante & douze Diſciples qui eftoient de ſa ſuite, & qui s'a-voüoient à luy, il a appellé douze

Apo-

Apoſtres, pour luy rendre vne plus particuliere ſuiettion, & eſtre plus proches de ſa Perſonne. Entre ceux-là meſme, il y en a eu trois, à qui il s'eſt ouuert plus familiere-ment qu'aux autres : Il leur a mon-ſtré des marques de ſa Diuinité, qu'il auoit cachées à leurs Compa-gnons : Il leur communiqua beau-coup de ſecrets de l'Auenir, dans l'agitation de ſa prochaine mort, & parmi les inquietudes de ſes der-nieres penſées.

Encore a-t'il teſmoigné plus de tendreſſe pour l'vn des trois, que pour les deux autres. S. Iean ne fait point de difficulté de ſe nommer le Cher & le Fauori de ſon Maiſtre. Il ſe glorifie par tout de cette fa-veur ; & il me ſemble qu'il en vſa auec aſſez de liberté, lors qu'il s'en-dormit, dans le ſein d'vn Maiſtre ſi grand & ſi redoutable. Conſiderez-le dans le Tableau de la S. Cene, & voyez comme il repoſe ſa teſte ne-

          gligem-

gligemment, fur vn lieu, où les Se-
raphins portent leurs regards, auec
reuerence.

Puis donc, que l'Autheur & le
Confommateur de la Vertu, auffi
bien que de la Foy, a eu fes inclinations & fes amitiez, & n'a pas toûjours voulu commander à la Nature; le Prince ne doit point craindre
d'aimer, apres vn Exemple de telle authorité, qui luy en donne
toute permiffion; & par les principes d'vne plus fage Philofophie,
que n'eft celle de Zenon & de
Chryfippe, il peut eftre fenfible,
fans qu'on le puiffe dire Intempe-
rant.

Il faut feulement que les mouvemens de fon ame foient iuftes &
bien reglez. Qu'il face du bien,
mais qu'il garde de la proportion
& de la mefure, en la diftribution
du bien qu'il fait; Qu'il ne pouffe
pas incontinent, dans le Confeil,
ceux qui luy auront efté agreables,
dans

dans la Conuerſation. Il doit faire
difference, entre les perſonnes qui
plaiſent, & celles qui ſont vtiles;
entre les recreations de ſon Eſprit,
& les neceſſitez de ſon Eſtat; Et
s'il n'apporte vne grande attention, dans l'examen des differens
ſuicts qu'il employe, il fera des
Equiuoques, dont ſon Siecle pâ-
tira, & qui luy feront reprochez,
par les Siecles à-venir.

Les Courtiſans ſont la matiere,
& le Prince eſt l'Artiſan, qui peut
bien rendre cette matiere plus
belle, mais non pas meilleure
qu'elle n'eſt : Il peut y aiouſter des
couleurs & de la façon, par le deſſus; mais non pas luy donner aucune bonté interieure : Il en peut
faire vne Idole, & vn faux Dieu;
mais il n'en peut pas faire vn Eſprit, ni vn habile homme.

Il ſe voit de ces Idoles, en païs
meſme de Chreſtienté. Il y a toûjours eu d'indignes Heureux; toû_

jours des Guenuches careſſées
dans le Cabinet des Rois, & ve-
ſtuës de toile d'or. Il y a eu en Egy-
pte des beſtes ſur les Autels : Il y a
eu par tout des defauts & des vices
adorez. Ce que ie m'en vais dire à
voſtre Alteſſe, ie l'ay appris d'elle,
& ie le trouve digne de l'eſprit de
Marc Antonin le Philoſophe. *Il y
a vne Authorité aueugle & müete, qui
ne connoiſt, ni n'entend; qui paroiſt ſeulement & qui éblouït; qui eſt toute pure
authorité ; ſans aucun meſlange de Vertu, ni de Raiſon. Il y a des Grands qui ne
ſont remarquables, que par leur Grandeur , & leur Grandeur eſt toute au
dehors, & toute ſeparée de leur perſonne.*

Ces Grands, Monſeigneur, me
font ſouvenir de certaines Montagnes infructueuſes, que i'ay veuës
autrefois, allant par le Monde. Elles ne produiſent, ni herbe, ni plan-
te : Elles touchent le Ciel, & ne
ſeruent de rien à la Terre : Leur
ſteri-

sterilité fait maudire leur eleuation. Ceux-cy, de mesme, ne sont
pas moins inutiles, qu'il sont
grands; Et ie les regarde, comme
de vaines monstres du pouuoir &
de la magnificence des Rois; comme des Colosses qu'ils ont eleuez,
& des Pyramides qu'ils ont basties.
Ce sont des fardeaux, & des empeschemens de leurs Royaumes, qui
pesent à toutes les parties de l'E-
stat. Ce sont des superfluïtez, qui
occupent plus de place que toutes
les choses necessaires. Cela s'entend à les considerer, dans vne foiblesse encore innocente, & auant
qu'ils ayent adiousté l'iniustice de
leurs actions, à l'indignité de leur
personne.

Voilà les beaux ouurages de la
Fortune; Voilà les mesprises &
les extrauagances de cette Deesse,
sans yeux & sans iugement, à qui
Rome a donné tant de Noms, &
a dedié tant d'Autels. Vous auez
C 4 bien

bien ouï parler de quelques Rei-
nes hypocondriaques, qui ont eu de
l'amour, pour vn Nain , & pour vn
Maure , voire pour vn Taureau, &
pour vn Cheual : La Fortune est à
peu pres de l'humeur de ces Prin-
cesses mal-sages; Elle choisit d'ordinaire le plus laid & le plus mal-
fait : En la demande de la Preture,
elle prefere les escrouëlles de Va-
tinius à la Vertu de Caton: Pour ne
rien dire de pis, elle fait des profu-
sions, & ne paye pas ses debtes.

Mais nous parlons d'vn Fantos-
me , lors que nous parlons de la
Fortune : La force des Astres , &
la necessité du Destin sont encore
d'autres Fantosmes, que l'opinion
des Hommes se forme , & apres
lesquels ie ne suis pas d'auis de courir. Cherchons quelque cause plus
apparente de cette faueur qui semble n'auoir point de cause , &
voyons à peu pres quelle est la naissance de cette mauuaise Authorité.
Ce

Ce que nous cherchons seroit-
ce point vn transport de passion,
qui sort sans raisonnement, de la
partie animale, & s'arreste au premier objet qui plaist, & à la premiere satisfaction de la volonté?

Seroit-ce point vn jeu, & vne
fantaisie de la Puissance; vn exercice, & vne occupation de la
Royauté, qui prend plaisir à faire
des choses estranges; à estonner le
Monde par des Prodiges; à changer le destin des Petits & des Miserables; à peindre, & à dorer de
la bouë?

N'est-ce point au contraire,
vne erreur serieuse & deliberée,
vne tromperie de bonne foy, faite
à soy-mesme par soy-mesme; ai-
dée par l'imposture de l'apparence, qui desguise quelquefois les
hommes de telle sorte, qu'ils ne
font reconnoissables qu'à Dieu?
Il est certain que le plus souvent
ils portent des marques si dou-
C 5 teuses,

teuſes, & ce qui paroiſt d'eux eſt
ſi faux, qu'il n'y a que Celuy qui
les a faits, qui ſçache leur veritable
prix.

Mais l'Effet, que nous auons
tant de peine à tirer de l'obſcurité
des Cauſes, ne ſeroit-ce point vn
preſent de l'Occaſion? Car d'ordinaire elle offre aux Princes des
Seruiteurs; Elle les oblige à prendre ce qu'ils trouuent à leur main,
& ce qui leur paſſe deuant les yeux.
Leur impatience ne pouuant ſouf-
frir de retardement, & leur molleſſe eſtant ennemie de toute ſorte
de peine; pour s'eſpargner les
longueurs de ſa recherche, & les
difficultez du choix, ils mettent
en œuure les inſtrumens les plus
proches, & gardent, par couſtume
ceux qu'ils n'auoient pris que par
rencontre.

Pour concluſion, cette Faueur
qui s'eleue ſi haut, ſans auoir de
fondement, ne ſeroit-ce point
plu-

pluſtoſt vn effet de l'amour propre,
& vne complaiſance, que perſonne
ne refuſe à ſes opinions? Ne ſeroit-
ce point noſtre honneur, que nous
croyons engagé, dans la perfection
de noſtre Ouvrage? Ne ſeroit-ce
point vn leuain de cet orgueil naturel, caché dans l'eſprit des hommes, & qui enfle particulierement
le cœur des Rois, quand il eſt queſtion de maintenir vne faute qu'ils
ont faite, & de ne pas auouër qu'ils
peuvent faillir?

Quoy que puiſſe eſtre cette Fa-
veur, ce n'eſt point vne creature
de la Vertu; non pas meſme de la
Vertu du Sang : Le merite n'y a
point de part; non pas meſme le
merite de la Race. Les Affran-
chis de Claudius, les Valets des
Enfans de Conſtantin, les Gou-
verneurs des Enfans de Theodoſe, les Euſebes & les Eutropes ne
ſont point de legitimes Fauoris, &
beaucoup moins de legitimes Miniſtres.

niſtres.   Et certes , i'ay pitié de
l'Empire, & i'ay honte pour l'Empereur , quand ie voy l'Empire &
l'Empereur , dans ces mains ſerui-
les & mercenaires.

Ie voy , auec horreur, ces vi-
lains ſpectacles des Regnes infor-
tunez,ces productions monſtrüeu-
ſes des mauuais Temps.   Temps
aueugles , & pleins de tenebres ;
Malheureux en Princes , & ſteri-
les d'Hommes, Et , à voſtre auis,
y a-t'il eu de Solitaire ſi eloigné
de la Cour , & prenant ſi peu de
part aux choſes du Monde , qui
ait pû regarder, ſans deſpit, les
choſes tellement hors de leur
place , & le Monde renuerſé de
cette ſorte ? Y a-t'il eu de ſi tranquille Contemplatif , qui ait pû
voir ſans emotion , des gens de
neant s'emparer de la conduite
des grands Eſtats , & s'aſſeoir au
Timon ; bien qu'ils ne deuſſent
eſtre qu'à la Rame ? Cela s'eſt veû
neant-

neantmoins, & assez souvent. Le
Consulat a esté profané plus d'v-
ne fois, par des personnes infames:
Et tel, qui sous vn autre Regne
eust esté caché, parmi le Baga-
ge, a eu le commandement de
l'Armée.

Mais outre les Eusebes, & les
Eutropes, l'Histoire de l'Empire
d'Orient ne manque pas de ces
Exemples honteux. Elle nous
monstre de miserables Eunuques,
qui n'auoient appris qu'à peigner
des femmes, & à filer, erigez
tout d'vn coup en Chefs du Conseil, & en Capitaines Generaux.
Et d'autres Histoires plus recen-
tes nous produisent des Barbiers,
des Tailleurs, des Valets de chambre, changez du soir au matin
en Chambellans, en Ambassadeurs, &c. employez aux plus im-
portantes negociations & aux
plus illustres Charges de leur Païs.
Ainsi quoy que puisse dire nostre

Hom-

Homme, qui admire tant la Cour, & l'Art de la Cour, l'Ignorance audacieuſe a ſouvent preſidé à la conduite des choſes humaines : Quoy qu'il jure qu'il a veû des rayons ſur le viſage de Monſieur le Duc de * * *, cette fauſſe lumiere eſt vne beveuë de ſes yeux, & vne illuſion de ſon eſprit. Les Sots ont ſouvent tenu la place des Sages, & vn temps a eſté, où ceux qui deuoient dicter les Loix, & prononcer les Oracles, ne ſçauoient, ni lire, ni eſcrire.

Ce n'eſt pas que leur ſens commun fuſt plus net, pour n'eſtre enueloppé d'aucune connoiſſance eſtrangere. Ils n'auoient, ni les biens naturels, ni les biens acquis : Ils auoient ſeulement ce qui ſuit d'ordinaire les biens naturels & les biens acquis ; ie veux dire la bonne opinion de ſoy-meſme, accompagnée du meſpris d'autruy. Quoy que ce ne ſoit pas la couſtume

me de sçauoir les affaires, par re-
velation, & qu'il faille les apprendre, par experience, ou deuancer
l'experience, par la force du raisonnement; ils se persuadoient que
l'Authorité suppleoit à tout cela,
& qu'immediatement apres leur
Promotion, Dieu estoit obligé de
leur enuoyer de l'esprit, pour bien
gouverner, & de faire valoir l'election du Prince, par la subite illumination de ses Ministres.

Il n'en va pas toutefois ainsi:
C'est tout ce que Dieu a voulu faire, pour les Ministres de son Fils
vnique, desquels nous auons dit
quelque chose, au commencement
de ce Discours. Par là il s'est moqué de la superbe Philosophie. Il
a confondu la Prudence humaine;
prenant ces Ames neuves & gros-
sieres, pour estre les Confidentes
de ses secrets; les remplissant
beaucoup, comme dit vn Ancien
Chrestien, parce qu'il y trouua

beau-

beaucoup de vuide. Il a tiré des cabanes & des boutiques, ceux qu'il vouloit faire Rois & Docteurs des Nations. Il ne faut pas que les autres Ignorans pretendent d'estre esclairez de la sorte; ni qu'au lieu de l'esprit de Prophetie, en l'explication des Escritures, & du don des Langues, ils attendent du Ciel, la connoissance des choses passées, la penetration dans celles de l'Avenir, la lumiere qui debroüille les intrigues de la Cour, la science de faire la Guerre, & la dexterité de traiter la Paix.

Aussi d'ordinaire ils reüsissent tres-mal, en vne profession qu'ils n'ont point apprise, & dans l'exercice de laquelle ils se sont jettez indiscrettement, sans y apporter aucune preparation de discipline; sans faire aucun fonds d'experience; sans connoistre les premiers clemens de la Sagesse ciuile. Il faut de l'adresse & de la methode,

pour

pour conduire vn Batteau, & pour
mener vn Chariot. Il faut auoir
appris les chemins, pour pouvoir
servir de Guide. J'ay veû des regles & des preceptes, pour se bien
acquiter de la charge de Portier,&
de celle de Concierge, quoy que
ce soient deux mestiers,qui ne sont
pas extremement difficiles. Il faut
donc apprendre tous les Mestiers,
& estudier tous les Arts, jusques
aux moindres, & aux plus aisez;
Et celuy, de conduire le genre humain, n'aura point besoin d'in-
struction? On gouvernera le Monde, au hazard & à l'auanture ? On
jouëra, à trois dez, le salut des
Peuples & des Royaumes ?

C'est bien tenir indignement la
place de Dieu : C'est bien faire le
Phaëton en ce Monde,& dispenser
inegalement la lumiere & la chaleur, sur la face de la Terre : C'est
courir fortune d'en brûler vne partie, & de laisser geler l'autre. Les
Fauo-

Fauoris ignorans courent chaque jour cette fortune, & sont en ce perpetüel danger; ie dis de se perdre, & de perdre leur Païs, lors mesme qu'ils ont rafiné leur ignorance, par l'vsage de la Cour, & que deux ou trois bons succez, qui viennent de la pure liberalité de Dieu, leur donnent bonne opinion d'eux mesmes, & leur font accroire, qu'ils ont fait le bien qu'ils ont receu.

Toutes leurs actions sont alors des Contre-temps; sont de fausses mesures d'vne fausse regle. Au lieu de se sçauoir arrester à ce Point de l'Occasion, si recherché par les Sages, & si necessaire pour la perfection des affaires, ils vont toûiours deuant ou apres: Ou ils le passent, ou ils n'y arriuent pas. Auiourd'huy ils declarent la Guerre, par colere; demain ils demandent la Paix, par lascheté. Ils flattent les Ennemis naturels de la Patrie, &
offen-

offencent les anciens Alliez de la Couronne. En Espagne ils voudroient donner liberté de conscience ; en France ils voudroient introduire l'Inquisition. La Frontiere est nuë & desarmée ; & ils fortifient le cœur de l'Estat: Il leur prend enuie de raser la Citadelle d'Amiens, & d'en bastir vne à Orleans.

Mais les Elections qu'ils font des autres , sont bien dignes de celle qui a esté faite d'eux. Pour l'Ambassade de Rome, ils proposent au Prince vn bon Capitaine de cheuaux legers , & qui s'est signalé en plusieurs combats. A leur recommandation, on met dans les Finances vn vieux Prodigue,qui en sa jeunesse a fait cession de biens, mais qui parle admirablement de l'œconomie. Ils demandent la premiere Charge de la Justice , pour vn homme veritablement de robbe longue, mais celebre, par le

peu

peu de connoiſſance qu'il a des Lettres; mais de la Claſſe de celuy que nos Peres virent à Paris, quand les Ambaſſadeurs de Pologne y arriuerent. Ils firent à cet Homme leur compliment en Latin, & il les pria de l'excuſer, s'il ne leur reſpondoit pas, *parce qu'il n'auoit jamais eu la curioſité d'apprendre que le Polonnois.*

Vous ſouſriez, Monſeigneur, & vous-vous eſtonnez de la grande Litterature de cet homme de robbe longue. Il faiſoit bien d'autres equiuoques, & on en conte quelques vns, qui ne me ſemblent pas mal-plaiſans. Ce fut luy qui crût que Seneque eſtoit vn Docteur de Droit Canon, & que, dans ſes Livres des Benefices, il auoit traitté, à plein fonds, des Matieres Beneficiales. Vn * * * de ce temps-là luy fit accroire, que la Morée eſtoit le Païs des Mores; & il n'eſt rien de ſi vray, qu'il chercha, dans la Carte

Carte vn jour tout entier la De-
mocratie, & l'Ariſtocratie, penſant les y trouver, comme la Dal-
matie, & la Croatie.

Il fait bon eſtre ſçauant, ſous ces
Regnes-là, & les Muſes ont beaucoup à eſperer de la protection de
pareils Miniſtres. Mais paſſons
outre, & ne conſiderons point l'intereſt des Muſes, dont le deſtin eſt
d'eſtre pauvres & mal-traittées,
ſous toutes ſortes de Regnes, &
par toutes ſortes de Miniſtres.

Ceux-cy ſe connoiſſent en hommes & en affaires, comme vous
voyez. Apres auoir diſſipé le reuenu de l'Eſtat, en des deſpenſes mau-
vaiſes, ou ridicules; afin de paroiſtre bons Menagers, ils laiſſent perdre vne occaſion importante, faute
de cinquante eſcus, qu'ils ne veulent pas qu'on baille, pour faire
partir vn Courrier expres. Ils attendent le jour de l'Ordinaire, &
s'imaginent que l'Occaſion l'atten-
dra,

dra, auſſi bien qu'eux. Vn Docteur Politique qui les a ſifflez, & qui leur a mis dans la teſte cinq ou ſix mots de noſtre Tacite, pour les alleguer cent fois le jour, ſur toutes choſes, leur a recommandé le Secret, & la Diſſimulation. Cette leçon faite, ils font myſtere de tout ; ils ne s'expliquent que par des clins d'œil, & par des mouvemens de teſte. Au moins ils ne parlent plus qu'à l'oreille, non pas meſme quand ils loüent leur Maiſtre, & qu'ils diſent, que c'eſt le plus grand Prince de la Terre.

Cette religion du Silence eſt paſſée dans leur eſprit, juſqu'à vne telle ſuperſtition, qu'ils font ſcrupule de donner les ordres neceſſaires, à ceux qui les doiuent executer ; tant ils ont peur de deſcouvrir ce qui a eſté reſolu au Conſeil. Ils eſcoutent attentivement vn Alchimiſte, qui leur promet des montagnes d'or : Ils reçoiuent à bras ouverts

ouverts vn Banni , qui leur fait ai-
fée la conqueſte de ſon Païs : Et,
ſe repoſant ſur la foy de l'vn & de
l'autre , ils s'embarquent dans vne
grande Entrepriſe , & commencent vne groſſe Guerre , dont ils
ſont las , dés le ſecond jour. Ils
ſont mille autres choſes ſemblables. Et ſi ces exemples ne ſont
de ce Siecle , ils ſont des Siecles
paſſez : S'il n'y a pas eu en France,
& en Allemagne , de ces Ignorans
preſomptueux , de ces ridicules
Tout-puiſſans, il y en a eu en Eſpagne, & en Italie.

La miſere du Temps (il vaut
mieux accuſer le Temps que le
Prince) Cette miſere publique,
qui a fait faire de la monnoye de
fer & de cuir ; qui a donné du prix
aux plus viles choſes, a mis auſſi en
vſage ces gens-là, & les a intro-
duits dans le Cabinet des Rois, où
ils ont traiſné auec eux, toutes les
ordures de leur naiſſance , & tou-

tes

tes les habitudes vicieufes, dont
les ames feruiles font capables.
Car c'eft icy vn Chapitre de leur
Hiftoire, que nous ne deuons pas
oublier; & il eft certain que leur
innocence n'a gueres plus duré à la
Cour, que celle du premier Homme, dans le Paradis terreftre.

D'abord, quoy que peut-eftre
ils ne fuffent pas nez mefchans, ils
ont crû qu'il falloit le deuenir, &
fe font desfaits de leur confcience,
pour trauailler, auec moins d'em-
pefchement, aux affaires de l'Eftat.
Ils ont penfé d'ailleurs, que l'orgueil eftoit bien-feant à la dignité,
que, s'ils paroiffoient les mefmes
qu'auparauant, leur condition ne
feroit pas tout à fait changée, &
que la courtoifie les remettroit
dans l'egalité, de laquelle ils s'é-
toient tirez, auec tant de peine.
Ainfi ils n'ont point apprehendé
de tomber dans la haine, pour
euiter le mefpris. Ils fe font fait
crain-

craindre, ne pouvant se faire re-
specter. Ils ont estimé, qu'il n'y
auoit point de moyen d'effacer la
memoire de leur ancienne baffeffe,
que par l'obiet present de leur tyrannie; ni d'empefcher le Peuple
de rire de leurs infirmitez, qu'en
l'occupant à pleurer ses propres
maux, & à se plaindre de leur
cruauté.

Auec ces belles Maximes, &
cette Antipolitique, que je vous
ay vn peu esbauchée, ils ont gouverné le Monde; mais ils l'ont gouverné d'vne estrange sorte. Ils ont
renuersé ce qu'ils vouloient souste-
nir; Ils ont rompu ce qu'ils auoient
dessein de noüer; Ils ont fait autant
de ruïnes, qu'ils desiroient faire
d'establissements; Ils ont gasté autant de choses, qu'ils en ont maniées. Les cheutes des Princes,
& les pertes des Estats ont esté le
succez de leur Administration.
S'étant saifis de la Puissance souveraine,

raine, (je les confidere derechef, dans leur innocente infirmité) ils en ont vfé, comme les Enfans fe feruent de leurs couteaux, qui s'en bleffent le plus fouvent, & en offenfent leurs Meres,& leurs Nourrices.

Que fi la temerité de ces gens-là n'a pas toufiours efté malheureufe:S'ils font arriuez au port, tenant vne route, qui apparemment les en eloignoit; (car il eft certain qu'il fe voit de ces Miracles, & j'en connois quelques vns qui fe font fauuez, par des actions qui les deuoient perdre.) Il ne faut pas fe fier pourtant à cette Felicité aueugle, qui les a guidez : Il faut les regarder, comme des Perfonnes tranfportées d'vne violente imagination, qui paffent les riuieres en dormant,fans fçauoir nager, & courent par les precipices, fans faire vn faux pas. Il faut les admirer,

rer, *Comme des beſtes divines*, & ne les pas imiter *commè des perſonnes raiſonnables.* Je tiens ce mot du bon-homme Alexandre Picolomini, ſors que je le fus voir, paſſant à Siene, & que je le trouvay ſur le lit verd, dont parle Monſieur de Thou.

Si vous eſtes jamais Fauoris (auec la permiſſion de ſon Alteſſe, j'adreſſeray ma parole à ces deux jeunes Gentilshommes qui m'eſ-coutent) ne vous propoſez point de pareils exemples : Ils ſont tres-dangereux, quoy qu'ils ſoient tres-eclatans. Ce ſont des Flambeaux allumez ſur les Eſcueils : Ils ſont faire naufrage aux nouveaux Pilotes. Ce ſont des Adreſſes, qui meinent à la mort ceux qui les ſuivent; qui ne ſeruent qu'à piper la Poſterité ; qu'à apprendre aux hommes à faillir; qu'à donner du credit & de la reputation à l'Imprudence.

     DIS-

DISCOURS
TROISIESME.

COMME ceux que' nous laissasmes hier , manquent de la capacité requise, & ont l'intelligence fort courte , & fort limitée ; il s'en trouve d'autres, qui l'ont trop vague, & trop estenduë, & qui raisonnent auec excez. Je parle de ces Speculatifs, qui visent d'ordinaire au delà du but ; qui quittent les chemins, pour prendre les routes ; qui s'egarent , pour arriuer plustost où ils vont.

Appellons-les , s'il vous plaist, des tireurs d'essences. Ils mettent leurs auis à l'alambic , & les reduisent à neant , à force de les subtiliser : Ils euaporent en fumée les plus solides affaires. Disons que ce sont des Heretiques d'Estat, ftat , qui veulent faire dans la Politique , ce qu'Origene a fait dans la Religion. Ils fuiuent les ombres, & les images des chofes, au lieu de s'attacher à leur corps, & à leur realité. Ils embraffent la Vray-femblance, parce qu'ils l'ont peinte & embellie à leur mode ; mais ils reiettent la Verité, à caufe qu'elle n'eft pas de leur invention, & qu'elle a fon fondement en elle-mefme.

Ces Meffieurs fe figurent que, par tout, il y a du deffein & de la fineffe, & que toutes les actions des hommes font meditées. Rien ne leur paffe deuant les yeux, dont ils ne cherchent le fens myftique, & l'allegorique. Ils ne s'arreftent jamais à la lettre, ces fubtils Interpretes des penfées d'autruy. Et quand deux Princes s'attaquent de toute leur force , & de toute la puiffance de leurs Eftats, ils croyent qu'ils s'entendent enfemble, pour

D 3

trom-

tromper les autres Princes. Ils
font des jugemens prefque auffi
plaifans que ceux, qui difoient à
Athenes, *qu'on ne fe fiaft pas à la mort*
du Roy Philippe, & qu'il s'eftoit fait
tüer tout expres, pour attraper les Athe-
niens.

On voit par ce mauvais mot jufqu'où peut aller la mauvaife fubti-
lité, & quel eft l'efprit de la Grece, & de ces Speculatifs. Mais il y
a eu des Speculatifs en tout Païs.
Il y a toufiours eu des Alchimi-
ftes, & des Souffleurs, qui ont di-
ftillé les chofes humaines; qui ont
donné plus de liberté qu'ils ne de-
voient, à leurs coniectures, & à
leurs foupçons. Parce que Junius
Brutus contrefit le Sot, ils ont eu
de la desfiance de tous les Sots:
Ils fe font figurez, que tous les
Niais imitoient Brutus; que la fimplicité apparente eftoit vn artifice
caché; que ceux qui ne fçauoient
rien, diffimuloient leur fcience,

que

que le silence de ceux qui ne di-
soient mot, couvroit de dangereuses pensées.

C'estoit l'opinion qu'auoit vn
Prince Romain d'vn certain Im-
becille de son temps, que les Pa-
ges siffloient, & que personne n'e-
stimoit que luy. L'Histoire rapporte *qu'il en apprehendoit les vertus
secrettes*; & que le mespris vniuersel de la Cour, & vingt-cinq ans
d'impertinences, ou faites, ou di-
tes, à la face du grand Monde,
ne l'auoient pû assurer de cet hom-
me-là.

Du mesme Principe, de fausse
subtilité ; sont nées ces Visions,
que nostre homme trouve si inge-
nieuses, & qui me semblent si ridicules; que les Docteurs admi-
rent, & que je ne puis souffrir.
En cet endroit Aristippe adressant
sa parole aux deux Gentilshommes, qui l'escoutoient ; Pensez-
vous, leur dit-il, comme ces Do-

œteurs subtils, qu'Annibal ne voulut pas prendre Rome, de peur de n'estre plus vtile à Carthage, & de se voir obligé, par là, à finir la guerre, qu'il auoit dessein de perpetüer? A vostre auis, Auguste choisit-il Tibere pour son Successeur, afin de se faire regretter, & rechercher de la gloire apres sa mort, par la comparaison d'vne Vie, qui deuoit estre si differente de la sienne? Vous imaginez vous que le conseil qu'on trouva dans ses Memoires, de mettre des bornes à l'Empire, fust vn effet de son enuie, contre sa Posterité? Auoit-il peur, qu'vn jour vn autre Homme fust plus grand Seigneur que luy, & commandast à plus de Suiets? Est-il croyable que le mesme Auguste ne faisoit l'amour, que par maxime d'Estat, & ne voyoit les Dames de Rome, que pour apprendre le secret de leurs Maris? Y a-t'il de l'apparence,

que

que son ame ne se remüast que par reigle, & par compas; que toutes ses actions fussent si guindées, & tous ses vices si estudiez?

A mon auis, c'est faire le Monde plus fin qu'il n'est. C'est interpreter les Princes, comme quelques Grammairiens expliquent Homere: Ils y trouvent ce qui n'y est pas, & l'accusent d'estre Philosophe & Medecin, en des endroits, où il n'est que Faiseur de contes & de chansons. Contentons nous quelquefois du sens litteral. Ne cherchons pas vn Sacrement sous chaque syllabe, & sous chaque point. Ne soyons pas si indulgens à nostre esprit, ni si curieux, dans celuy d'autruy. Il ne faut pas aller querir si loin la Verité, ni prendre les choses de si haut. Il ne faut pas rapporter à des causes reculées, & aux Conseils du Siecle passé, des succez, ou arriuez fortuitement, ou

D 5   à qui

à qui vne legere occasion aura
donné lieu.

Les Stoïques, qui n'ont pas
voulu, *qu'vne feüille d'arbre se re-
muast, sans ordre particulier de la Pro-
vidence, ni que le Sage leuast le doigt,
sans congé de la Philosophie* ; ne ju-
geoient pas plus auantageusement
de Dieu, & de la Personne plus
proche de Dieu, que ces Rafineurs
presument d'vn Homme, qui est
souvent moins que mediocre ; qui
n'a que le quart, ou la moitié de
la partie raisonnable ; qui de sa
vie ne songea à estre Sage, ni à
s'approcher de Dieu. Il n'y a point
de moyen, qu'ils aiustent leurs
opinions à nostre commune capacité : Ils ne peuvent descendre
jusques à nous. Dans le jugement
qu'ils font des hommes, ils ne
peuvent presupposer vne infirmité
humaine, c'est à dire, vn principe
d'erreurs & de fautes : vne mala-
die de la naissance, de laquelle
Alexan-

Alexandre & Cefar ne font pas exempts ; vn defaut qui traifne apres foy tant d'autres defauts, en la Perfonne des plus Parfaits ; en la conduitte des plus Sages ; & en celle de Salomon mefme, fi vous le voulez.

Les Grands euenemens ne font pas toufiours produis par les grandes caufes. Les refforts font cachez, & les machines paroiffent : & quand on vient à defcouvrir ces refforts, on s'eftonne de les voir fi foibles & fi petits. On a honte de la haute opinion qu'on en auoit euë. Vne jaloufie d'amour, entre des perfonnes particulieres, a efté la matiere d'vne guerre generale. Des Noms baillez ou pris par hazard ; les Verds & les Rouges des Jeux du Cirque, ont formé les Partis & les Factions, qui ont dechiré l'Empire. Le mot ou le corps d'vne Deuife ; la façon d'vne Liurée ; le rapport

d'vn

d'vn Domeſtique; vn conte fait au Couché du Roy ne ſont rien en apparence ; & par ce Rien commencent les Tragedies, dans leſquelles on verſera tant de ſang, & on verra ſauter tant de teſtes. Ce n'eſt qu'vn nüage qui paſſe, & vne tache en vn coin de l'air, qui s'y perd pluſtoſt qu'elle ne s'y arreſte. Et neantmoins, c'eſt cette legere vapeur, c'eſt cette nuée preſque imperceptible, qui excitera les fatales tempeſtes que les Eſtats ſentiront, & qui ebranlera le Monde, juſqu'aux fondemens. On s'eſt imaginé autrefois que c'eſtoient les intereſts des Maiſtres, qui mettoient en feu toute la Terre, & c'eſtoient les paſſions des Valets.

Je ne doute point que le Roy de Perſe ne priſt des pretextes tres-ſpecieux, pour juſtifier ſes armes, quand il vint en Grece, & que ſes Manifeſtes ne diſſent merueilles

de

de ſes intentions. Il ne manqua
pas de Pretenſiõns ni de Droits.
Il n'oublia pas, que le grand Roy
ne venoit que pour chaſtier les petits Tyrans ; & qu'il apportoit aux
Peuples vne riche & abondante liberté, au lieu de leur maigre & ſte-
rile ſervitude. Il falſifia ſon deſſein, en pluſieurs autres façons, &
jura, peut-eſtre, que ce deſſein luy
auoit eſté inſpiré immediatement
des Dieux immortels , & que le
Soleil en eſtoit le premier autheur.
Cependant quelques Manifeſtes
qu'il fiſt voler , & quelque couleur de Juſtice & de Religion qu'il
donnaſt à ſon Entrepriſe , voicy la
verité de la choſe.

Vn Medecin Grec, domeſtique
de la Reine , ayant enuie de reuoir
le Port de Pyrée, & de manger des
figues d'Athenes , mit cette fan-
taiſie de guerre , dans la teſte de ſa
Maiſtreſſe , & la porta à y faire reſoudre ſon Mary. Si bien que le
Roy

Roy des Rois, le puiſſant & redoutable Xerxes ne leüa vne armée de
trois cens mille Combattans, ne
coupa les Montagnes, ne tarit les
Riuieres, ne combla la Mer, que
pour conduire vn Charlatan en ſon
Païs. Il me ſemble que ce galant-
homme pouvoit bien faire ſon
voyage à moins de frais, & en plus
petite compagnie.

Mais il me vient de ſouvenir,
Monſeigneur, d'vne autre choſe
qui merite d'eſtre ſçeuë, & que
vous ne trouverez pas mal-plai-
ſante. Elle arriua au Royaume de
Macedoine, plus de quatre-vingts
ans deuant la naiſſance du Roy
Philippe; au temps de cette fameu-
ſe Conjuration, qui d'vn Eſtat en
fit deux, & qui partagea la Cour,
les Villes & les Familles.

Ce fut la Femme de Meleagre,
Gouverneur d'vne Place frontiere,
& General de la Cauallerie, qui
ietta ſon Mari dans la reuolte, &
certes

certes pour vn fort digne ſuiet. Sur
le rapport qui fut fait au Roy de
l'eſprit & de la galanterie de cette
Femme, il luy prit enuie de la voir
vn iour en particulier : Il ne luy
fut pas difficile d'obtenir d'elle,
vne faueur qu'elle accordoit aiſément à de moins grands Seigneurs,
& de moins honneſtes gens que
luy. Elle n'auoit pas accouſtumé
de laſſer la conſtance de ſes Amans,
ni de faire mourir perſonne de deſ-
eſpoir. Le Roy s'eſtant donc rendu à l'aſſignation qu'elle luy donna, & par malheur, ne l'ayant pas
trouvée telle qu'il ſe l'eſtoit figurée, il luy teſmoigna d'abord ſon
dégouſt, & ſe ſepara d'elle, preſque
auſſi toſt, auec peu de ſatisfaction.
Cet affront fut ſenti ſi viuement
par celle qui le reçeut, & qui n'a-
voit pas mauvaiſe opinion de ſon
merite, qu'elle proteſta à l'heure
meſme de s'en vanger. Et ne le
pouvant mieux faire qu'en cor-

rom-

rompant la fidelité de fon Mari, &
le desbauchant du feruice de fon
Maiftre, elle vfa pour cela de tous
les charmes de fon efprit, & de fon
vifage. Elle employa, fur vne ame
credule , les plus fubtiles inuen-
tions, dont eft capable vne ame ar-
tificieufe. Et ne doutez point que
dans la chaleur de fa vengeance, elle n'euft voulu auoir vne infinité de
Maris, pour faire vne infinité d'Ennemis au Roy, & pour tirer raifon,
auec plus d'efpées , de l'offence
qu'elle croyoit en auoir reçeuë.

Ainfi Meleagre quitta le feruice
du Roy, & s'embarqua dans le Parti du Tyran, fans fçauoir par quel
mouvement il y eftoit pouffé, ni
quelle paffion il vengeoit. Il jouoit
vn perfonnage, qu'il n'entendoit
point: Il eftoit le Soldat de fa Femme, & penfoit eftre vn des principaux Chefs de la Ligue. Par là on
peut voir, qu'il eft aifé de fe tromper, dans le jugement qu'on fait

des

des actions des hommes, puis que les hommes mesmes, qui les font, y sont les premiers trompez ; puis qu'ils n'en sçauent pas tousiours la vraye cause. Ils sont souuent in-strumens aueugles, & sans con-noissance, de l'interest, ou de la passion d'autruy.

Les Speculatifs de Macedoine ne manquerent pas de publier de plausibles, & de specieuses rai-sons, de la reuolte de Meleagre. Les vns dirent, qu'vn reproche, que le Roy luy auoit fait, en pre-sence des Ambassadeurs de Thes-salie, luy entra si auant dans le cœur, & y fit vne si profonde playe, qu'il ne pût jamais en guerir, que les caresses & les faueurs, qu'il re-ceut, depuis ce temps-là, furent d'inutiles appareils, sur ce cœur blessé, & que la memoire d'vne iniure luy osta le sentiment de mille bienfaits. D'autres allegue-rent le refus d'vne Charge, qu'il

auoit

auoit demandée, pour ſon Fils, &
que veritablement on ne donna pas
à vn autre, mais qui fut ſupprimée,
afin qu'elle n'entraſt pas en ſa Maiſon. Il y en eut qui excuſerent ſon
changement, ſur l'amour de la Patrie, & ſur le zele de l'ancienne Religion, de laquelle le Tyran prenoit le pretexte, pour faire la guerre au Roy.

Tous les Hiſtoriens exercerent
là deſſus leur ſubtilité, & tous furent ſubtils, & ingenieux à faux. Ils
chercherent la ſource du Mal, qui
d'vn coſté, qui d'vn autre, & pas vn
ne la trouva: Pas vn ne parla du deſpit de la Femme de Meleagre, qui
fut la ſeule cauſe de la defection de
ſon Mari, & qu'on ne deſcouvrit
qu'en vn autre Siecle, & long
temps apres la mort du Roy, du
Tyran, & de Meleagre.

Ces deux courſes que nous
auons faites, en Grece, & en
Mace-

Macedoine, estoient sur nostre chemin, & ie veux croire qu'elles n'auront pas esté desagreables à Vostre Altesse. Mais ie croy de plus qu'elle iuge aussi bien que moy, qu'il vaut encore mieux debiter des visions, dans l'Histoire que dans le Conseil, & que la mauvaise subtilité est moins dangereuse, quand on raconte des choses faites, que quand on delibere des choses à faire. Icy, pour ne rien dire de pis, elle est cause que les choses ne se font point.

Les gens d'Athenes sont trop habiles, pour tromper les gens de Thebes: ceux-là tendent leur filets si haut, & ceux-cy volent si bas, qu'il faudroit qu'ils fissent vn effort pour y estre pris. Ie dis dauantage. Les Atheniens employent quelquefois leur finesse, à s'en faire accroire, & à se tromper eux-mesmes. De leurs faux principes, ils ne peuvent tirer que de fausses conclusions,

sions, & n'ont garde de negocier heureusement, ni d'amener iamais leurs Aduersaires de leur costé; se tenant tousiours en des termes si eloignez d'eux, & s'en approchant si peu, que bien loin de se pouvoir ioindre, ils ne se peuvent pas reconnoistre.

Il est mal-aisé d'oüir de plus beaux parleurs, & de voir mieux debattre des opinions. Mais aussi n'en demandez pas dauantage : Ils mettent en cela tout leur soin, & toute leur industrie. Ils y apportent autant d'estude, que si le discours estoit la principale fin de la deliberation, & quelque chose de plus que l'action mesme. Ils aimeroient mieux faire paroistre leur eloquence, en perdant l'estat, que de le conseruer, sans dire mot. Ils estiment que c'est bien dauantage, d'emporter le dessus au Conseil, sur leurs Compagnons ; que de battre à la Campagne les Ennemis. Si bien qu'ils qu'ils content, quasi pour rien, les disgraces de la Guerre, esperant tousiours d'en auoir leur reuanche au premier Traitté. Et là neantmoins ils rencontreront quelque Esprit de fer, incapable de persuasion, qui couppera ce qu'il ne pourra desfaire; & par vne ferme & constante negatiue, brisera tous leurs filets, & toutes leurs ruses, sans prendre la peine de les demesler.

Tesmoin ce Gouverneur de Figeac, qui se trouua à vne Conference, qu'eut la Reine Catherine, auec les Deputez du Roy de Nauarre, & du Parti Huguenot. C'estoit pour leur faire quitter, deuant le temps accordé, les Places de seureté, qui leur auoient esté mises entre les mains. Elle auoit amené de Paris vn homme tout-puissant en paroles, à la Rhetorique duquel rien n'auoit esté impossible, iusque alors. D'abord il se fit admirer à l'Assemblée :

Il excita en fuite de plus douces paſſions, dans le cœur des Deputez: Apres auoir vaincu leur eſprit, il gaigna leur volonté. Et deſia les plus desfians auoient oublié le Maſ-ſacre, & ne vouloient plus de Pla-ces de ſeureté. On ſe contentoit de la parole du Roy, & le Traitté s'alloit conclurre, à la ſatisfaction de la Reine, quand en vn moment tout ſon trauail fut gaſté, & toute l'eloquence de ſon Orateur ren-verſée, par la bruſque reſponſe que luy fit le Gouverneur de Figeac.

Cette Princeſſe s'eſtant addreſ-ſée à luy, auec vne mine de triom-phante, & luy ayant demandé, (plu-toſt pour couronner vne choſe fai-te, & auoir des applaudiſſemens, que penſant auoir beſoin de ſon opinion) ce qui luy ſembloit de la Harangue qu'il auoit ouïe: MA-DAME, luy reſpondit-il, auec vne parole ſi forte, qu'elle caſſa les ar-ticles du Traitté à demi-conclu, *Il*

me

me semble que Monsieur *que voilà a
bien estudié, mais mes compagnons ni
moy ne sommes pas d'auis de payer ses
estudes, de nos testes.*

Ce Monsieur neantmoins, dont
ie vous parleray vne autre fois,
estoit vn tres-habile Negociateur:
Il auoit reüssi ailleurs tres-heureu-
sement; Et quoy qu'il regnast en
l'Art de bien dire, il n'estoit pas
pourtant de nos gens, qui ne sça-
vent que parler: Il faisoit seruir
cette science à vne meilleure, & ne
preferoit pas, comme eux, la gloire de son esprit, au bien du seruice
de son Maistre.

Nos gens en effet sont plustost
Declamateurs que Ministres, plû-
tost Sophistes que Conseillers. Ils
ne sont point si faschez du mauvais
succez des affaires, qu'ils sont aises
de l'honneur qui leur reuient, d'a-
voir bien harangué, sur chaque
proposition debatuë, & de s'estre
fait admirer aux Deputez,& à l'Af-
sem-

femblée. Leur vanité les confole aifément de leur malheur. Ce leur eft affez, de traitter le Genre Deliberatif, felon les preceptes de Quintilien, & de fçauoir manier les chofes, par tous les endroits que monftre Ariftote. Voilà la borne de leur ambition. Ils font fatisfaits, s'ils n'ont point peché contre les regles de l'Art; Et je les trouve, en cela, femblables à vn Medecin de Milan, que j'ay connú à Padoüe. Cet homme content de la poffeffion de fa Science, &, comme il parloit, *de la joüiffance de la Verité*, ne cherchoit point particulierement, dans la Medecine, la guerifon des Malades : Il fe glorifioit mefme vne fois, d'en auoir tué vn, auec la plus belle methode du monde : *è morto*, difoit-il, *canonicamente, e con tutti gli ordini.*

Dans les affaires aifées, ils fement des efpines, pour les cueillir. Dans la moindre occurrence qui fe pre-

presente, ils font naistre mille difficultez; Ils trouvent autant d'ex-
pediens, & ne forment, le plus souvent, aucune resolution. Le grand
nombre des choses qu'ils voyent,
en chaque suiet, leur ostant la liberté du choix, & l'abondance les
rendant pauvres, ils s'embarras-
sent, dans la multitude de leurs
raisons, & s'arrestent d'ordinaire
à la plus mauvaise, & voicy pourquoy: C'est parce que la plus mauvaise est le dernier effort de leur
imagination desia lasse, & que
l'ayant esté chercher, hors du sens
commun, qui est desia espuisé, il
semble qu'elle soit plus à eux que
les autres, qui sont tirées de cette
source publique, ou qu'ils ont prises de l'experience.

A ce conte-là, la bonne chose
que c'est que cette *Sobrieté de sça-*
voir & de connoistre, si estimée par
les Lettres Saintes ? Auoüons-le,
à la honte de la Raison humaine,

E

& de

& de la subtilité des Sophistes: Vn
grand Esprit, tout seul, est vn
grand instrument à faire des fautes; Et si le iugement necessaire ne
l'appesantit, & ne l'emousse, pour
l'assuiettir à l'vsage, & l'accommoder à l'exemple & à la pratique,
sans doute cette viuacité penetrante, sera beaucoup plus propre à
agiter des questions de Metaphysi-
que, qu'à donner de bons conseils,
qu'à bien entreprendre, & qu'à
bien agir. En effet, les actions humaines veulent estre maniées hu-
mainement, c'est à dire par des
moyens possibles & familiers; d'v-
ne façon, qui tienne du corps, comme de l'esprit; auec des raisons, qui
tombent quelquesfois sous les
sens, & ne demeurent pas tousiours,
dans la haute region de l'ame.

Les Raffineurs, qui agissent autrement, sont bons à troubler les
Negociations, & ne valent rien à
conclurre les Affaires. Ce sont
d'ex-

d'excellens Broûillons, pour remüer vn Eſtat, & de mauuais Miniſtres, pour le gouverner. Ils reüſſiſſent dans le deſordre; & comme
les Demons de l'Air, ils ſe meſlent
parmi le Tonnerre : Mais ils n'ont
plus de force, ſi toſt que le calme
eſt venu; & cette pointe qui nous
ebloüit, n'eſtant qu'vne lumiere
d'Eſclairs, il eſt tres-dangereux de
prendre vne parcille adreſſe, dans
la varieté des accidens, & dans les
diuers deſtours de la Vie ciuile.

Mais quand ce ſeroit vne veritable & continüelle lumiere, de laquelle ils ſeroient guidez; quand ce
ſeroit le Soleil luy-meſme, qui les
conduiroit, ce n'eſt pas à dire,
qu'ils trouuaſſent touſiours la fin
qu'ils cherchent, & qu'ils arriuaſ-
ſent, où ils vont. Et de cela, Monſeigneur, i'aurois encore quelque
choſe à dire, ſi le bruit d'vn caroſ-
ſe & de pluſieurs voix que ie viens
d'oüir, ne m'auertiſſoit que voicy
E 2   l'heu-

l'heure de l'audience, que Monsieur le Duc d'Espernon a enuoyé
demander à vostre Altesse.

DISCOURS QUATRIESME.

MONSIEVR le Landgra-
ve ne manqua pas de se
faire porter, le lende-
main, à l'heure ordinai-
re, dans la Chambre de la Con-
versation. Apres auoir tesmoigné
à Aristippe, la satisfaction qu'il
auoit euë du dernier Discours, il le
pria de ne passer point à vne nouvelle matiere, sans acheuer celle
qu'il auoit laissée imparfaitte. Aristippe luy obeït, & parla à peu pres
en cette sorte.

On ne sçauroit croire, combien
la Raison s'egare; Je parle de
la

la plus droitte, & de la mieux eclai-
rée; & combien les Hommes se
trompent ; Je dis les plus habiles,
& les plus intelligens. Qu'il y a
loin des paroles à la chose, & que
ce n'est pas tout vn, de produire
que de conceuoir; d'executer que
de discourir !

Dans la conception, & dans le
discours, il semble que tout rit, &
que tout veut plaire: Il n'y a que de
la joye, & du chatoüillement, pour
l'esprit, qui fait vn exercice agreable, en cherchant ce qu'il desire, &
croyant auoir trouvé ce qu'il cherche. En cet estat là, il reçoit comme les premiers plaisirs de l'amour:
Il gouste les douceurs, qui naissent
des nouvelles Opinions, & de la
descouverte de la Verité, ou de
quelque chose qui luy ressemble.
Tant que l'esprit pense, & tant qu'il
raisonne, personne ne le trouble,
en la possession de son obiet : Il est
maistre des desseins, & des entre-
E 3 prises:

priſes : Il court apres de belles idées, qui ſe laiſſent prendre, comme il veut ; & ne rencontrant, ni de contradiction, ni de reſiſtance, il ioüit de la pureté du bien intellectuel, qui ne s'eſt point encore alteré, par l'action.

Mais ce n'eſt pas tout que cela ; Il faut enfin quitter ces lieux enchantez, & ſortir de ces eſpaces vagues, pour entrer dans le veritable Monde. Il faut mettre la main à l'œuvre, & agir, apres auoir medité. Et c'eſt alors que les choſes prennent vne nouvelle face, & qu'elles ne ſont plus ſi belles, ni ſi aiſées. C'eſt alors, que l'ame eſt dans le trauail, & dans les tranchées de l'enfantement ; C'eſt en ce temps-là que les penibles effets ſuccedent aux raiſonnemens voluptueux, & que ce qui paroiſſoit ami & fauorable, dans la penſée, ſe reuolte, & deuient contraire, dans l'operation. Ce n'eſt plus le Marchand

chand au Port, qui trafique fur la
Carte, & fe propofe des gains fans
danger, & vne nauigation fans orage: C'eft vn Faifeur de vœux, au
milieu de la tempefte; qui fe repent
d'eftre parti du logis; qui iette fa
marchandife en la Mer; qui cherche vne planche, pour fauver fa
vie.

Les Vents ne fe leuent point,
contre les paroles, & les deliberations ne vont point donner, contre les Efcueils. Le Cabinet eft vn
lieu de paix & de repos, où l'on
trace, & où l'on figure tout ce
qu'on veut : Mais d'ordinaire,
on y trace, & on y figure des chofes, qui font abfentes, & des objets, qui font eloignez. D'ailleurs,
la peinture a beau reprefenter la
chofe, ce n'eft pas elle pourtant: Il
y a toufiours de la difference : Et il
ne faut qu'vn commencement de
paffion, qu'vn foible boüillon de
cholere, qu'vne legere teinture de

E 4 honte,

honte, qu'vne petite grimace, pour gaſter toute la reſſemblance , & pour faire vne autre choſe , voire vne choſe contraire, de celle qu'on eſtimoit la meſme , ou pour le moins la ſemblable.

Je laiſſe, Monſeigneur, à voſtre penſée , la ſeconde partie de cette comparaiſon; & conclus que les affaires ont des jours , des biais & des poſtures , qui ne ſe voyent , & ne ſe remarquent que dans les Affaires ; qui broüillent tous les traits, & toutes les notions, qu'on s'en eſtoit formées, hors de là. Ce ſont certains mouvemens , & certains temps , qui nous rendent meſconnoiſſable noſtre propre connoiſſance : L'eſtude ne ſçauroit les prevenir; Le diſcours ne les peut ſeparer de l'action : Ils y tiennent & s'y attachent ſi fort, qu'il n'y a point de moyen de les en deſprendre ; & d'autre part, ils paſſent ſi viſte, & ſi imperceptible-
ment,

ment, qu'il eſt impoſſible de les
copier.

Les Romains ont voulu le dire,
quand ils ont dit, *qu'on deuoit deli-*
berer auec l'Occaſion, & en la preſence
des Affaires; qu'on ſe deuoit conſeiller
auec l'Ennemy, & ſe reſoudre ſur ſa
mine, & ſur ſa contenance; que le Gla-
diateur prenoit conſeil, dans l'Amphi-
theatre; que quelquefois il faloit rauir le
conſeil, pluſtoſt que le prendre.

Cela s'entend principalement à
la Guerre, & des actions militai-
res : Mais il y a de la guerre, qui le
croira ? meſme dans les actions
paiſibles & deſarmées : Il faut
combattre, par tout, de façon ou
d'autre; Et la doute, l'Obiection,
la Raiſon contraire ne nous attaquent pas touſiours de front, ni à
deſcouvert; Elles ſont ſouvent aux
aguets, & aux embuſches.

Les difficultez qui s'eſtoient cachées à noſtre eſprit, ſe preſentent
ſubitement à nos yeux. Le temps

E 5

fait

fait naiſtre ſes empeſchemens ; les
Hommes les leurs. Vne ſeule cir-
conſtance change toute la nature
de l'Occaſion. Apres auoir conclu,
il arriuera cecy ou cela ; ni cecy ni
cela n'arriue ; mais vn troiſieſme
euenement, qui met la Preuoyance
en deſordre, & les Coniectures en
confuſion.

Le deffaut eſt dans l'eſtoffe, &
non pas dans l'Entrepreneur :
L'art ſera bien entendu, & le deſſein
bien conduit ; Mais les inſtrumens
ſeront mauvais ; mais le marbre &
le bronze ſeront gaſtez. D'ailleurs,
mille accidens, ie ne ſçay quels,
peuvent ſortir de ie ne ſçay où. Il
peut venir des malheurs du Ciel, &
de deſſous Terre : Vn eclat de foudre peut ruïner les materiaux : Vn
vent renfermé peut faire ſauter le
trauail en l'air. Et s'il en faut croire
vn ancien Poëte, *les Dieux ſe veu-*
lent quelquefois ebattre : Ils prennent
leur plaiſir & leur paſſetemps, à ſe ioüer
des penſées des hommes.   La

La bonne, & la mauvaiſe Politique ſont egalement ſuiettes à ces derniers inconueniens, & rien ne ſe peut aſſeurer, contre le Ciel. Mais ſans que le Ciel s'en meſle, la Politique, de laquelle nous parlons, ne laiſſe pas d'eſtre malheureuſe. Elle voit les cheutes, & les ruïnes de ſes Ouvrages, en les baſtiſſant; ou pluſtoſt elle n'en voit que les plans & les proiets, parçe qu'elle deſſeigne pluſtoſt qu'elle ne baſtit. Elle ſe figure des Affaires & des Entrepriſes, comme on s'eſt figuré autresfois des Republiques, & des Princes; qui n'eſtoient qu'en eſprit, & ne pouvoient eſtre que par miracle. Que ſont-ce en effet, ces Affaires, & ces Entrepriſes, que de hardis, & de magnifiques ſonges, qui flattent la Partie imaginatiue, & amuſent inutilement la Raiſon ? Que ſont-ce que des contes admirables, & des Hiſtoires impoſſibles ?

Les

Les Speculatifs composent ainsi
des Romans, dans les Conseils, &
font des Propositions à peu pres
semblables à celles de cet Artisan,
si fameux dans l'Histoire d'Alexandre. Comme vous sçauez, il
trouva les Colosses petits, & les
Pyramides basses. Il voulut tailler
vne Statuë, qui dans vne de ses
mains porteroit vne Ville, & ver-
feroit vne Riuiere de l'autre.

Ceux-cy resuent aussi magnifi-
quement, & leurs pensées ne sont
pas moins vastes, ni moins desre-
glées. Il n'y a point de proportion
de la grandeur de ce qu'ils conçoi-
vent, à la mediocrité de ce qui
est faisable. Les matieres ne sont
point capables de leurs formes, &
leurs pieces ne se peuvent joüer,
parce qu'elles ne se peuvent accommoder au Theatre. Il y faut
trop d'engins, & trop de machines.
Pour de telles pieces, il n'y a point
d'Acteurs, en toute l'Europe: La
repre-

repreſentation en ſeroit difficile au Roy de Perſe, & ils prennent, pour cela, le Prince de la Mirande.

Ne vous imaginez pas, Monſeigneur, que je veüille rire. Au premier voyage que je fis en Italie, je vis vn de ces beaux Eſprits, qui propoſa la conqueſte de la Grece, à vn Prince qui n'eſtoit gueres plus puiſſant que celuy, que je viens de vous nommer. Mais voſtre Alteſſe remarquera, s'il luy plaiſt, en paſſant, que le Pere de ce bel Eſprit eſtoit de Naples, & ſa Mere de Florence, & qu'ils auoient eu ſoin, de le faire nourrir à la Cour de Rome. N'eſt-il pas vray qu'il choiſiſſoit vn moyen bien proportionné à ſa fin; & qu'il ſuſcitoit vn grand Ennemy au grand Turc? Ne faloit-il pas qu'il fuſt aſſeuré de beaucoup de Miracles, pour penſer faire quelque choſe de ſi peu de forces?

Il faut pourtant auoüer la verité,
à ſon

à son auantage ; Je ne vis jamais
d'imagination si fertile, ni si chau-
de, que la sienne. Il ne se pouvoit
voir de raisonnement plus viste, ni
qui couruft plus de païs, ni qui re-
vinft plus difficilement au logis.
Mais cette fertilité, & cette eftenduë ne faisoient que fournir matiere à l'extrauagance, & donner plus
d'espace à des pensées folles. Plus
sa raison alloit loin, plus elle s'eloignoit de son but.

Apres vne longue Conference,
que j'eus aueque luy, je reconnus
que ce grand deffein, qu'il appelloit *l'Intereft de Dieu*, *& l'Affaire de
la Vierge Marie* ; & qu'il alloit folli-
citer à la Cour des Princes, n'a-
voit, pour fondement, que le desir
d'vne intelligence auec les Cofa-
ques, l'esperance de quelque revolte en quelque lieu, la parole
d'vn Hermite Grec, & la vision
d'vn Melancholique. C'eftoit
neantmoins, comme je vous ay
dit

dit d'abord, vn fort bel Esprit. Il
y auoit grand plaisir à l'escouter; &
hors de Constantinople, & de la
Grece, autour de laquelle tournoit
son extrauagance, il ne laissoit pas
d'estre Sage, sur d'autres matieres.
Je luy ay oüi rendre des Oracles,
& dire des choses qui me sem-
bloient reuelées, tant je les trou-
vois au dessus de la portée ordinaire de l'esprit humain.

Il pechoit seulement en subtilité: Il auoit trop de ce qui eleue, &
qui remuë, & trop peu de ce qui
fonde, & qui affermit; Son repos
mesmes estoit agité: Il dictoit des
depesches, en disnant: Il dormoit
les yeux ouverts: Et je vous feray
dire, Monseigneur, par vn de ses
Domestiques, qui vit encore, &
qui couchoit d'ordinaire dans sa
chambre, que de ces yeux ouverts,
il sortoit des rayons si affreux, que
souvent il en eut peur, & qu'il ne
s'y accoustuma jamais bien.

A vn

A vn Homme fait de cette forte, on pourroit donner, pour bien gouverner, le mefme auis qu'on donna à cet autre, pour fe bien porter. Il faudroit luy dire, s'il vouloit laiffer parler le monde, *Efpaififfez vous vn peu le fang. Temperez voftre feu, par voftre flegme. N'vfez pas de toute vôtre Raifon : Ne foyez pas tout intelligence, & tout lumiere. Faites-vous befte quelquefois, ou pour le moins femblable à la befte : c'eft à dire arreftez vous au plus proche obiet, & joüiffez, d'auiourd'huy, fans vous tourmenter tant de demain. Ne vous laiffez point accabler l'efprit à cette Prevoyance infinie, qui va chercher les maux, jufqu'au bout du Monde, & jufques dans la derniere Pofterité, qui fe jette fi auant dans l'Auenir, qu'elle en quitte le Prefent, & abandonne les chofes qui font, pour celles qui peuuent eftre.*

N'auez-vous point oüi parler de l'ame de ce Philofophe, laquelle d'ordinaire fortoit de fon
corps,

corps, pour aller faire des courſes,
& des voyages? Vn jour que cette
ame vagabonde voulut retourner,
comme de couſtume, elle ne trouva plus de corps, qui fuſt en eſtat
de la receuoir, parce que le ſien
auoit eſté aſſaſſiné, dans l'inter-
valle qu'elle s'eſtoit eloignée de
luy. Si la Grece n'eſt pas menteu-
ſe, ce pauvre Philoſophe medita
plus long temps qu'il ne faloit, &
ſa meditation luy couſta la vie.

Mais voicy le ſens moral de la
Fable: Elle veut dire que ſi nous
voulons viure, il ne faut pas nous
deſtacher tout à fait du corps, ni
nous ſeparer de la matiere. Il ne
faut pas que noſtre raiſon s'eloigne de noſtre intereſt preſent, &
de l'affaire dont il s'agit; Il ne faut
pas qu'elle penſe courir à tout, &
emporter tout; ni qu'elle s'imagine de battre le Turc, auec des paroles, & conquerir le Monde, par
ſubtilité.

En

En certaines occaſions, prenons vne ame du Septentrion, où il entre plus de terre que de feu, & quittons cet eſprit d'Orient, dont le feu eſt ſi ſubtil, qu'il ſemble plûſtoſt eſtre illuſion que verité. Desfions nous de l'eloquence d'Athenes, & de la ſageſſe de Florence: Celle-cy n'a de rien ſervi à ceux qui l'ont pratiquée, & ſes Docteurs ſont deuenus eſclaues, en l'enſeignant. Je vay bien plus auant; Ce qui s'appelle, delà les Monts, *la Furie Françoiſe*, a plus d'vne fois reüſſi tres-vtilement, delà les Monts : Je ne dis pas à la Campagne, & à la Guerre : Je dis à Rome, Je dis dans le Conclaue; qui eſt la grande Affaire de Rome; qui eſt le Champ de la Politique; qui eſt le Theatre de la Prudence.

Mais voicy dequoy bien eſtonner la ſubtilité perpetuelle, & le raiſonnement ſans fin de nos Diſtillateurs des Maximes de Tacite: Voicy

Voicy quatre paroles, fans plus,
pour oppofer à tout le babil de
cette infolente Politique, qui en
defpit du Deftin, & à l'exclufion
de Jupiter, voudroit prefider au
Gouvernement des chofes humaines.

C'eft la Prudence elle-mefme,
qui nous confeille de ne prendre
pas toufiours fes confeils. Elle
nous auertit qu'elle ne fe mefle
point de regler les Extremitez, ni
de conduire le Defefpoir ; Elle
nous difpenfe, en quelques rencontres, de ce qu'elle nous auoit
ordonné, en d'autres: Sans l'offen-
fer, nous pouvons aller à trauers
champ, quand il y a du peril, à droit
& à gauche; & effayer fi vn excez
nous guerira, quand les remedes
ont mal operé; & nous jetter, entre les bras de fon Ennemie, quand
elle n'eft pas affez forte, pour nous
defendre.

Ainfi, comme vous voyez, on
peut

peut eftre imprudent, du confen-
tement de la Prudence. Et à ce
propos, il n'y aura point de mal
que je die à voftre Alteffe, ce qui
m'arriua vn jour traittant auec vn
Seigneur François, qui jufques
alors auoit efté extremement heureux, & qui neantmoins auoit de
la peine à prendre parti, dans vne
occafion, où il faloit vn peu hazarder. Eftant preffé de conclure,
& de fe refoudre, *Ouy*, dit-il, *mais
fi je le fais, je donneray beaucoup à la
Fortune.* Je ne pûs pas m'empefcher de luy refpondre; *Vous deuez
tant à la Fortune,* Monfieur, *vous auez
tant receu d'elle : Ce ne fera donc pas
luy donner beaucoup, ce ne fera que luy
rendre quelque chofe.*

Et de fait, comme la Fortune
va d'ordinaire, où elle a accouftumé d'aller, & ne veut pas perdre
fes premiers bienfaits, elle veut
auffi que ceux qu'elle fauorife fe
fient en elle; Elle veut qu'ils facent

cent quelques auances, & qu'ils
ne luy demandent pas raison de
toutes les choses qu'elle fait. Il
ne faut pas estre toûiours si regulier, & si methodique : Il faut estre
hardi, pour estre heureux. Mais
ce ne sont pas proprement ceux,
dont nous parlons auiourd'huy,
qui manquent de courage, & de
hardiesse. Nous verrons ces Sages timides, dans nostre premiere
Conference, où j'essayeray de faire leur portrait, de memoire. Vostre Altesse me l'a ainsi ordonné:
Elle veut absolument que je me
souvienne de tout ce que je voulois oublier.

DIS-

DISCOURS
CINQUIESME.

LA Cour a esté gouvernée, par vne autre sorte de gens, & il y a encore auiourd'huy de ces gens là. Le Peuple les appelle Sages: Et en effet, ils n'ont pas faute de bon sens, & d'experience: Ils connoissent la nature des Affaires, & la possibilité de chaque chose: Mais d'ordinaire leur connoissance demeure cachée, dans leur esprit; & n'y produit qu'vne vaine & oisive contemplation: Elle n'est fertile qu'en pensées steriles: C'est vne vertu qui finit en elle-mesme; c'est vne puissance, qui ne se reduit jamais en acte; Soit qu'ils ne se sentent pas assez forts, pour entreprendre le bien qu'ils voyent, & qu'ils ayent les yeux meilleurs que

le

le cœur; Soit que leur auantage eſtant plus certain, dans le Preſent, ils le preferent à vn bien, qui n'eſt pas encore venu.

Quoy qu'il en ſoit, ils ſe conſeillent eux-meſmes, au lieu de conſeiller leur Maiſtre : Ils reſpondent à leurs ſentimens, & non pas à ſes demandes; Et s'ils craignent la rigueur du temps, & l'incommodité des chémins, ils n'ont garde de luy propoſer vn voyage, au mois de Januier, ni de luy perſuader de paſſer les Alpes, s ils ont des affaires à Paris. Leurs auis ſortent tous de la partie inferieure; ſont tous terreſtres & materiels. L'Intereſt l'emporte tousjours, ſur l'Honneur, & ſur la Raiſon. Ne ſentant point en leur ame de plus noble tentation que celle du gain, ils opinent auec la meſme baſſeſſe, & les meſmes conſiderations, que feroit vn Fermier, ou vn Recceueur, s'il eſtoit aſſis en la meſme place.   Que

Que le Vaiſſeau, qui les porte, periſſe s'il veut, & que le Public y coure fortune, ils ſe conſolent aiſément du naufrage de l'Eſtat, pourueû qu'il y ait vn Eſquif, dans lequel ils puiſſent gaigner le bord, & mettre leur Famille en ſeureté. Nous nous tromperions bien, ſi nous les prenions pour ces zelez violens, *qui veulent eſtre Anathemes, pour leurs Freres*; & qui demandent auec inſtance, *qu'on les efface du Livre de Vie*, & qu'on pardonne à la Nation.

Toutesfois il ne ſe peut pas dire abſolument, qu'ils ayent de mauvais deſſeins, contre l'Eſtat, & qu'ils en deſirent la ruïne. Ils ſe reſeruent ſeulement leurs premieres, & leurs plus tendres affections : Hors de leur intereſt, je penſe que celuy de leur Maiſtre leur ſeroit fort cher. Mais le malheur eſt qu'ils ne ſont jamais abſens de leur intereſt, non plus que d'eux-meſmes.

Ils

Ils se trouvent, en quelque lieu qu'ils jettent la veuë : Leur vtilité particuliere se presente par tout à eux, comme à cet ancien Malade, sa propre figure, qu'il voyoit perpetuellement deuant luy. Ils ne se peuvent separer des Affaires, pour les regarder auec quelque liberté de jugement. Ils ne peuvent tirer de leur ame, leur raison toute simple, & toute pure, sans la mesler, dans leurs passions: De sorte qu'encore qu'ils descouvrent vne Conjuration qui se forme, ils ne s'y opposent pas neantmoins, de peur d'offencer les Coniurez, & de laisser de puissans Ennemis à leurs Enfans. Ils n'ont pas le courage de proferer vne verité hardie, si elle est tant soit peu dangereuse, à l'establissement de leur fortune, quoy qu'elle soit tres-importante, au seruice de leur Maistre.

Infirme & miserable Prudence! Ils ne considerent pas qu'vn Espion,

 qui

qui donne des auis, ne nuit pas da-
vantage qu'vne Sentinelle qui ne
dit mot; & qu'ils font auffi bien
caufe de la perte du Prince , par
leur filence, que les autres, par leur
trahifon : Ils ne confiderent pas
que le laiffant dans le peril, d'où
ils le pourroient tirer, ils ne con-
tribuënt pas moins à fa ruïne, que
ceux qui le pouffent, & le precipitent. Ils ne voyent pas que l'Infi-
delité ne fait point de mal , que la
Foibleffe ne foit capable de faire.

Cela eftant, Monfeigneur, ne
feroit-ce point d'eux, que l'Efprit
de Dieu voudroit parler, au vingt-
deuxiefme Chapitre de l'Apoca-
lypfe , quand il met les *Timides* au
nombre des Empoifonneurs, des
Affaffins , & des antres hommes
execrables? quand il les condamne
tous à la feconde Mort , à cette
Mort fi terrible, & fi eftrange, à ce
Lac ardent de feu, & de fouffre ?

Je ne fçay point la vraye intention

tion du Saint Esprit,& ne veux pas
asseurer qu'ils soient compris, dans
vne si rigoureuse Sentence. Mais
je voy bien pourtant que ce sont
les derniers, & les pires de tous
les lasches, & qu'il n'est point si
honteux de fuïr dans le combat,
que de donner vn conseil timide.
Car pour le moins, si on tombe
dans ce malheur, à la guerre, on
peut s'excuser, ou sur le desauan-
tage du lieu, ou sur le nombre des
Ennemis, ou sur la faute des Siens.
Et comme le plus souuent la pous-
siere, le vent, & le Soleil meritent
la gloire du Victorieux, aussi sont-
ils coupables de la perte du Vaincu. Au pis aller, on se justifie, en
accusant la Fortune, qui de tout
temps a esté estimée Maistresse des
Euenemens,& Arbitre souueraine
des Batailles.

Il n'en est pas ainsi des Assemblées Politiques, où cette Puissance aueugle n'a point d'entrée; où
F 2   l'Esprit

l'Esprit agit librement, & sans con-
trainte; où la Prudence exerce ses
operations en repos , & ne trouve
aucun de ces obstacles , & de ces
empeschemens , qui s'opposent
aux effets de la Valeur. C'est pourquoy toutes les excuses des Soldats, & des Capitaines, n'ont point
de lieu , pour les Conseillers , &
pour les Ministres : Vn homme sage ne peut pas garantir les Succés;
mais il doit respondre de ses Intentions, & de ses Auis.

Il n'est donc point de pareille
lâcheté à celle qui commence dés
le Logis , & qui ne s'emeut pas
simplement, par les approches , &
par la presence du Peril , mais qui
n'en peut souffrir la seule imagination ; mais qui fremit au moindre
recit, qui luy en est fait. Et sans
mentir , il faut bien qu'elle procede de l'entier aneantissement de la
liberté, qui naist auec l'homme, &
d'vne derniere corruption de ce
Prin-

Principe de generosité, & de ce sentiment d'honneur, que nous auons tous, puis qu'elle est cause qu'on refuse mesme son aueu, & son consentement à la Verité, puis qu'en cet estat là on n'est pas seulement capable de la proposition du Bien difficile. Il n'y a pas seulement moyen d'obtenir d'eux, qu'ils facent bonne mine, en vn lieu de seureté; qu'ils se declarent, sans danger, pour la Patrie; qu'ils disputent ses droits, dans vne chaire, & la seruent de la langue. Chose estrange! Ils aiment mieux accepter la Seruitude, sous le tiltre de la Paix, que de conclure à vne defense, qui se doit faire auec les bras, & le sang d'autruy.

Encore voyons-nous des Gens, qui attendent pour s'estonner, que la mauvaise fortune soit venuë: ils ont l'esprit hardi, quoy qu'ils ayent l'ame timide. Ces gens là parlent hautement, quand il y a

            du

du Temps, & de la Terre, entre le
Danger & eux. Ciceron estoit cou-
rageux de cette sorte de courage:
Il ne luy echappa jamais vn mot,
qui ne fust digne de la grandeur de
la Republique ; Il estoit vaillant
pour le moins dans le Senat ; & il
proteste, ce me semble, en quelqu'vne de ses Lettres, *que si on l'eust
conuié au Festin des Ides de Mars, il n'y
fust rien demeuré de reste.*

Vn semblable Citoyen n'est pas
propre à se battre en düel : Il n'i-
roit pas volontiers en pourpoint
aux harquebusades. Il a plus de
soin que les autres, de la conser-
vation de sa Vie, parce qu'il croit
qu'elle vaut plus que la leur , &
qu'il n'est pas messeant, de craindre la perte d'vne chose precieu-
se. Il redoute la Mort ; Ou pour
mieux parler, la Nature la redoute
en luy : Mais il ne redoute point
l'Enuie, ni la Haine ; Mais il mes-
prise egalement les menaces des
Grands,

Grands, & le murmure du Peuple. Si ſes forces ne ſont pas ſuffiſantes, pour abbatre la Tyrannie, il employe ſa voix, & ſon haleine, pour exciter les autres au recouvrement de la liberté. Il crie pour le moins *aux armes*, le plus fort qu'il peut, & contredit au Mal, s'il ne peut y reſiſter. Toutes ſes opinions vont à la grandeur, & à la gloire de ſon Maiſtre. Il fait profeſſion d'inimitié, auec tous les Ennemis de l'Eſtat. La desfaueur, & la Pauvreté ne luy ſont point facheuſes, quand il les ſouffre, pour la bonne Cauſe : Et la Mort meſmes ne le ſurprenant pas, & luy donnant loiſir de la bien conſiderer, il ſe reſout enfin à la receuoir en homme de bien, & fait vaillance de neceſſité. Par vne longue & ſerieuſe meditation, il ſe forme vn courage acquis, qui n'eſt pas moins ferme que le naturel.

Nos Prudens ne viennent point

juſ-

jusques là. Outre la Mort, ils admettent tant d'autres sortes d'extremitez, qu'il s'en rencontre toûjours quelqu'vne, qui les arreste, dés le premier pas qu'ils font, vers le Bien. Ils desesperent, auant qu'il faille seulement craindre. Ils ont tousiours de tres-grands motifs, de tres-fortes considerations, de tres-importantes causes (ce sont les termes dont ils se seruent) pour ne se pas acquiter de leur deuoir. Et parce qu'il n'y a point de Maxime, dans la Politique, qui ne soit combatuë par vne autre Maxime, aussi certaine, & aussi probable qu'elle; & que l'Auenir a autant de formes, & de visages, que nostre Imagination luy en veut donner, ils ne le tournent, pour le regarder, que du costé qui peut faire peur, & se defendent, par la Raison, contre la Raison.

Ils considerent tousiours que les actions des hommes sont expo-
sées

fées à beaucoup d'inconveniens,
& ne confiderent jamais, que tout
le mal qui peut arriuer, n'arriue pas:
Soit que Dieu le deftourne, par fa
grace; foit que nous l'efquiuions,
par noftre addreffe; foit que l'imprudence du Parti contraire en
rompe le coup; eftant tres-vray
que nos fautes nous jettent fouvent en des perils, d'où celles de
nos Ennemis nous tirent. Mais
eux prenant les chofes au pis, &
prefuppofant, pour certains, tous
les accidens qui font douteux, ils
reglent leurs deliberations, comme s'ils deuoient tous auenir, &
d'ordinaire n'agiffent point, pour
vouloir agir trop feurement.

Au moins n'enfoncent-ils gueres les affaires,& ne les conduifent
que rarement à leur dernier point.
Ils fe contentent d'vne legere mediocrité de fuccez, & du commencement de leur bonheur : Ils
n'ofent s'en promettre la conti-

F 5   nuation,

nuation, jufqu'à la fin de la moindre chofe. Tellement qu'auec leur
froide, & leur pefante fageffe, ils
peuvent differer la cheute, mais ils
ne l'euitent pas : Ils appuyent les
ruïnes, qu'ils ne font pas capables
de releuer : Ils gaignent pour le
plus, quelques jours, ou quelques
femaines, & tiennent les Affaires
en eftat, en attendant que de plus
hardis qu'eux y viennent trauailler
efficacement.

C'eft vne remarque d'Ariftote,
que comme la viuacité de l'efprit
d'Alcibiade devint extrauagance,
en la perfonne de fes Enfans, la folidité de l'efprit de Phocion, fe
changea en pefanteur, quand elle
defcendit de luy à fa Race. Mais difons plus qu'Ariftote : Difons que
la fageffe de ces Miniftres n'attend
pas fi long temps à degenerer, en
foibleffe, en langueur, en lafcheté:
Auant que de paffer ainfi corrom-
puë à leurs Enfans, & à leur Pofterité,

rité, elle se gaste dés la sortie de leur ame, & sans en venir à l'action; Elle paroist foible en leurs propositions, & en leurs conseils, qu'on ne peut appeller, ni prudens, ni sages, sans parler improprement, sans faire tort à de si beaux noms, sans offenser la véritable Sagesse.

Quelle erreur ! de s'imaginer que la Sagesse ne puisse jamais estre courageuse; qu'elle doiue tousiours craindre , & tousiours trembler. Ces nouveaux Sages connoissent les Sages de l'Antiquité : Ils ont leû Aristote aussi bien que nous, & n'ont pas fait neantmoins leur profit de ce vieux Oracle , rapporté par Aristote, *Qu'il faut appeller le peril au secours du peril, & sortir d'vn mal, par vn autre mal.*

Quelque deplorable que soit la condition presente des choses, ils ne peuvent se resoudre à la nouveauté, & au changement : ils aiment mieux souffrir le change-

ment,

ment, que le faire, & l'attendre,
que le prevenir. Au lieu d'obeïr à
l'Oracle, & de tenter le second peril, ils s'accoustument, & se fami-
liarisent auec le premier. Au lieu
de faire vn effort, pour se tirer du
mauvais pas, où ils sont tombez,
ils y cherchent vne posture sup-
portable, pour y seiourner. Ils se
trouvent bien dans le Mal, pourveû que le Mal ne les presse pas, &
qu'ils en reculent la derniere extremité. Ce leur est assez que la
mort soit remise à vne autre fois, &
que cependant, on les laisse joüir
de quelque interualle de mauvaise Vie. Sans doute ils seroient
de l'opinion du Poëte Espagnol,
qui disoit *que la Fievre quarte estoit*
vne bonne chose; parce qu'auec elle on
estoit asseuré de viure vn an ; pour le
moins de viure six mois; pour le moins de
ne mourir pas de mort subite.

Ce n'est donc pas regner, ce n'est
pas vaincre, ce n'est pas triompher,
ce

ce qu’ils font : C’eſt ſeulement vi-
vre, & encore viure d’vne eſtrange
ſorte. C’eſt paſſer du matin à l’a-
preſdinée ; c’eſt ſe traiſner iuſqu’au
lendemain. Leur gouvernement
n’eſt ni paix, ni guerre, ni trefve :
C’eſt vn repos de pareſſe ; c’eſt vn
ſomme d’aſſoupiſſement , qu’ils
procurent au Peuple par artifice,
& qui n’eſt, ni bon, ni naturel.

Ils ne ſçauent point guerir ; ils
ſçauent ſeulement farder les Malades , & leur faire le viſage bon.
Ils veulent appriuoiſer la Rebel-
lion, en la careſſant : Ils la ſaoulent
de bienfaits , & de gratifications ;
Mais par là ils la rendent plus puiſ-
ſante , & non pas meilleure ; Ils
augmentent ſa force , & ne dimi-
nuent point ſa malice. Quelquesfois ils luy oſtent quelques hommes , qui ſont à vendre , & des
auantages qui ne luy ſeruent de
rien ; & ne voyent pas que c’eſt
cultiuer le deſordre , que de toucher

cher ainſi legerement à ſes bran-
ches, & à ſes reiettons ; & ne mettre point le fer à ſon tronc, & à ſa
racine.

Toute leur Experience n'eſt
qu'vne Hiſtoire de malheurs, arriuez à ceux qui oſent, & qui entreprennent. Tout ce qui n'eſt pas
aiſé, ils le nomment impoſſible; Et
la Peur leur groſſiſſant les obiets,
& leur multipliant, preſque à l'infini, chaque indiuidu; quand trois
Malcontens ſe retirent de la Cour,
auecque leur train, ils ſe figurent
vne armée d'Ennemis, à la Campagne, qui entraiſne les Villes, &
les Communautez apres elle, ſans
trouver de reſiſtance. Apres quoy,
ils ne ſe mettent point en deuoir de
les chaſtier, mais ils taſchent de les
adoucir; & au lieu de les aller viſiter auec des canons, & des ſoldats,
ils leur enuoyent des gens de robbe longue, chargez d'offres, & de
conditions, & leur promettent
beau-

beaucoup plus, qu'ils ne pourroient esperer de la Victoire.

Ainsi ils obligent le Prince à descendre de son Throsne, pour traitter aueque ses Suiets. D'vn Souuerain, ils font vne Personne priuée, & d'vn Legislateur, vn Advocat. Par cette breche ils rompent l'Entre-deux qui le separe du Peuple, & changent la Puissance en Egalité. Les Coupables montent sur le Tribunal, & deliberent de leur propre fait, aueque leur Iuge. Ils nomment le lieu de la Conference, & on l'accepte : Ils choisissent pour conferer, les Personnes en qui ils ont plus de confiance, & on les leur donne. Et là il ne se parle, ni de pardon, ni de Grace : Ce seroient des termes trop rudes, & qui leur feroient mal aux oreilles ; Mais le Maistre offensé declare solennellement, que tout a esté fait, pour le bien de son seruice, & sçait bongré, à ses Seruiteurs infideles.

fideles, des iniures qu'il a receuës d'eux.

Enfin le deſſein de nos Gens n'etant que de congedier la Compagnie, & de ſeparer les Alliez: ils leurs accordent plus qu'ils ne demandent. Ils ſont prodigues de la Foy publique : Ils ne menagent point le nom du Roy ; Et de cette forte, ils le mettent ſur le bord de deux extremitez egalement dangereuſes : Car ſoit qu'il veüille tenir ſa parole, en ruinant ſes Affaires, ſoit qu'il reſtabliſſe ſes Affaires, en violant ſa parole, il eſt toûjours reduit à vne deplorable election ; ou de hazarder ſon Eſtat, pour eſtre fidele ; ou de manquer à ſon honneur, pour demeurer Roy.

Mais ſi auant tout cela, & les choſes eſtant encore entieres, il deſire prendre vne reſolution genereuſe, & digne de luy : s'il ne veut plus, que ſa bonté ſoit vne rente, & vn reuenu certain aux Rebelles;

belles ; s'il se lasse d'espuiser ses coffres, pour souldoyer les armées de ses Ennemis, & de payer tous les iours vne chose qu'il n'aquiert iamais : Alors ces habiles Conseillers luy viennent representer , auec beaucoup de mines & de grimaces, qu'il ne faut pas aigrir les Affaires; que les Sages cedent à la violence du Temps, comme les Dieux à la necessité du Destin; que les Princes , qui ont regné deuant luy, n'ont osé remüer cette pierre;qu'il y auroit de la presomption, à vouloir mieux faire que ses Peres ; que la Guerre est vn mauvais moyen, de reformer les Estats ; que de mettre vn Corps en pieces, pour le rajeunir, c'est vn remede de Magicien; que de brusler sa Maison pour la nettoyer, c'est vn conseil d'Ennemi, c'est vne resolution de Furieux.

Ce n'est pas tout que cela. Ils estalent en suite de grands Lieux-

com-

communs, fur les loüanges de la Paix & du Repos. Ils employent tout l'art des Rhetoriciens, à luy exagerer les miferes de la Guerre. Ils n'oublient pas la profanation des Temples; les Loix diuines & humaines violées; afin de faire couler leur propre lafcheté, dans fon efprit, fous ces termes fpecieux, & de luy perfuader qu'ils ont raifon, ne voulant pas luy auoüer qu'ils ont peur. Ils viuent ainfi aupres du Prince, & fe maintiennent entre Luy, & les Rebelles, par le commun befoin qu'on a de leur entremife, à conduire ce fale traffic, & à conferuer deux Partis en vn Eftat, fans que l'vn puiffe deftruire tout à fait l'autre.

Ils font auffi le plus fouvent bons Amis des Eftrangers. Que fert-il de le diffimuler? Ils apprehendent beaucoup plus de defplaire au Roy leur Voifin, que de defferuir le Roy leur Maiftre. De forte qu'il ne faut

faut point parler sous leur Ministere, de proteger les Foibles , contre
l'oppression des plus Forts, de res-
veiller les Pretensions qui dor-
ment; d'entreprendre rien hors du
Royaume; quelque Iustice , quelque bien-seance, quelque Facilité,
qui semble persuader telles Entreprises. Ils condamnent la memoire
de Charles huitiesme , & maudis-
sent les voyages d'Italie: Ils se mo-
quent mesmes de ceux de la Terre
Sainte, iusqu'à offenser la pieté des
Siecles passez; Ne craignant point
de redire apres vn Impie de celuy-
cy, *que c'estoient des fieures du Temps,
& des maladies Populaires*; que c'e-
stoient des ieunesses de nos Princes , & des chaleurs de foye de
leurs Conseillers. Vn des ces
gens-là m'a soustenu qu'Alexandre n'auoit iamais esté ; que son
Histoire estoit vn Roman; que celuy d'Amadis n'estoit pas plus fa-
buleux, ni plus eloigné de la Vray-
semblance.   Que

Que si la molleſſe de leurs Conſeils ne preuaut pas touſiours à la
vigueur & aux bonnes inclinations
de leur Maiſtre : Si quelque iniure
ſenſible, & qui ne ſe peut diſſimu-
ler, oblige l'Eſtat à vn reſſentiment
public; Alors ne pouvant pas blaſmer la choſe, dans ſon principe, ils
la deſcrient tant qu'ils peuvent,
dans les ſuittes, & par ſes effets.
Et comme ſi la Victoire ne valoit
pas les fraits de la Guerre, quand
vne Ville a eſté priſe ſur l'Ennemy,
C'eſt perdre, diſent-ils, *que de gaigner
de la ſorte. Tant de gens de bien ſacri-
fiez à la vanité d'vn ſeul (ce ſeul ſera
peut-eſtre vn Prince du Sang, ou vn Fils
de France;) Tant de Millions ſortis du
Royaume, pour l'acquiſition d'vne Bicoc-
que! La ſeule deſpenſe de l'Artillerie
acheueroit de nous ruiner, ſi nous faiſions
vne ſeconde Conqueſte.*

Pareils Miniſtres ne pouvoient
ſe conſoler à Carthage des Victoires d'Annibal en Italie: Ils crioient

dans

dans le Conseil, quand on apportoit de bonnes nouvelles, & qu'on versoit à pleins boisseaux les bagues des Cheualiers Romains, qui auoient esté tuez à la Guerre ; *Qu'il garde ses Anneaux de fer, & ses Trophées de papier, & qu'il nous rende nos Hommes, & nostre Argent. Iamais les affaires de la Republique ne furent ni plus fleurissantes, ni plus ruinées : Elle n'eut iamais ni plus de reputation au dehors, ni plus de misere, dans ses entrailles.*

Pareils Ministres ont esté cause de la fin des deux Empires, & ont perdu Rome & Constantinople, par la fatale mollesse de leurs conseils. Ils ont ouvert la porte à tous les Barbares : Ils ont honteusement acheté la Paix, soit des Goths, soit des Vandales, soit des autres Peuples de l'Aquilon, d'où tout le Mal deuoit venir dans le Monde. Ils ont conté pour rien ce des-honneur de l'Empire, & cette infamie du Nom Romain, pour-

veu

veu que par la douceur du Mot , ils puſſent corriger l'amertume de la Choſe , & que quand ils payoient Tribut à leurs Ennemis,il leur fuſt permis de dire qu'ils donnoient Penſion à leurs Alliez. Ils ne ſe ſont point ſouciez de la fortune de l'Auenir , & de ce que deuiendroit la Poſterité,pourueu qu'ils puſſent autant viure , que l'Eſtat qu'ils gouvernoient pourroit durer.

Faiſons leur grace neantmoins encore vne fois , & ne les accuſons point de trahiſon. Ie croy qu'ils ne voudroient pas vendre , & liurer leur Maiſtre ; Mais ils ne ſont pas faſchez que le Monde ſçache qu'ils le peuvent faire : Ils ne font point de difficulté de le mettre à prix , en certaines occaſions : Ils ſouffre qu'on le marchande ; Ils baillent meſmes des eſchantillons aux Marchands , quoy qu'ils ne ſe veüillent pas deſſaiſir de la Piece entiere. C'eſt vne de leurs Maximes

mes *qu'on peut tromper quelquefois le Prince, pour son propre bien:* Et quand ils s'entendent auec les Miniſtres des autres Princes, ils appellent cela, *trauailler au bien general de la Chreſtienté, & maintenir la paix entre les Couronnes.*

N'a-t'on pas bien crû du temps de nos Peres, que Barberouſſe, & André Dorie, n'eſtoient pas en mauuaiſe intelligence? On ne pouuoit pas dire pourtant, que l'vn ne fuſt bon Seruiteur de Soliman, & l'autre de Charles : Mais ils auoient beſoin l'vn de l'autre, pour faire valoir leurs ſeruices, aupres de leurs Maiſtres, & pour bien garder la place qu'ils y tenoient. Le Turc loüoit le Chreſtien, & en parloit comme du ſeul homme, qui luy donnoit de la peine : Le Chreſtien rendoit la pareille au Turc, par des paroles auſſi obligeantes, & auſſi auantageuſes. Et vn Eſclave d'Alger dit, ſur ce ſuiet, aſſez

plai-

plaiſamment au Vice-Roy de Sici-
le , *que iamais vn Corbeau ne creue les
yeux à vn autre Oyſeau de ſon eſpece; &
que ſi Dorie eſtoit ruïné, Barberouſſe auroit peu de credit à la Porte du Grand
Seigneur , comme auſſi Dorie deſcen-
droit de plus d'vn degré , à la Cour de
l'Empereur, par la ruïne de Barberouſſe.*

Ils s'aidoient donc, & ſe fauori-
ſoient reciproquement , dans la
continuation de la Guerre , qui
eſtoit leur Meſtier, & leur Affaire.
Et puis que des Hommes ambitieux, par conſequent qui aimoient
l'honneur , ont eſté capables d'vn
pareil trafic, ie vous laiſſe à penſer
ſi des Hommes qui n'aiment que
leur intereſt, & qui ne connoiſſent
point d'autre Honneſte que l'Vtile, ne ſeront pas bien aiſes de conſeruer leur authorité , par vn ſemblable commerce. Ne voudront-
ils pas , à voſtre auis, ſe rendre neceſſaires pour durer ? Ne feront-ils
pas pour la Paix, qui leur doit eſtre
vne

vne moiſſon d'or, & vne moiſſon
qui ne manque point, ce que les
autres faiſoient pour la Guerre,
dont la recolte eſt ſi incertaine,
& les fruits ſont ſi aigres & ſi
amers?

Tel eſt le procedé de nos Sages dans l'Adminiſtration de
l'Eſtat, & dans la haute Region du
Miniſtere. Mais quand ils deſ-
cendent plus bas, & que leurs de-
voirs ſont plus aiſez ; pour cela ils
ne s'acquitent pas mieux de ce
qu'ils doiuent. Les affaires des
Particuliers, qui dependent d'eux,
prennent meſme train que les
Publiques. En des Occaſions ſeu-
res & faciles, où ils pourroient
monſtrer de la force à bon mar-
ché, ils ne peuvent s'empeſcher de
faire voir leur naturelle foibleſſe.
Ils ne voudroient pas perdre l'a-
mitié de ceux, dont ils rauiſſent le
bien ; & en meſme temps, ils crai-

G

gnent

gnent & offenſent les meſmes perſonnes. Ils s'entretiennent auec
tout le monde, par des reſponſes
generales, & qui n'obligent point
preciſément. On ne part iamais
mal ſatisfait d'aupres d'eux. Ils ne
brauent, ni ne rebutent iamais
perſonne. Ils ne donnent que de
belles paroles, & de bonnes eſpe-
rances.

A celuy qui leur demande iuſtice, ils font des ciuilitez, & des
complimens : Ils preſentent des
roſes & des violettes à qui a beſoin
de pain. Apres vous auoir tenu vn
an en longueur, vous promettant
de iour à autre, de vous donner
contentement ; à la fin quand vous
les preſſez de la concluſion, ils
vous prient de leur dire ce que
c'eſt, & vous font voir que toutes
les fois que vous auez parlé à eux,
ils n'ont iamais eu deſſein de vous
eſcouter.

Vn Pretendant en Cour de Rome,

me, y ayant esté traitté de cette
sorte, & s'en retournant chez soy,
comme il en estoit venu, trouua vn
gibet à la sortie de Boulogne (la
Cour de Rome y estoit alors) &
s'estant arresté quelque temps devant ce gibet, à regarder vn Pendu
qu'on venoit d'y mettre, on dit
qu'il s'escria, tout d'vn coup, à haute voix, *Que ie t'estime heureux, mon
Ami, de n'auoir point affaire au lieu d'où
ie viens?* Vous voyez à qui ils sont
cause que les gens d'affaires portent enuie, & en quel lieu ils obligent d'aller chercher la felicité. Et
en effet, Mort pour Mort, &
Bourreau pour Bourreau, il vaudroit encore mieux vne prom-
pte Mort, & vn Bourreau dili-
gent.

Ils sçauent ainsi laisser la patience des Solliciteurs; Ainsi ils se vangent de l'importunité des Supplians, & ne se mettent point en
cholere, pour les mettre au deses-
                poir.

poir. En quoy, à dire le vray, leur procedé est ie ne sçay quoy de bien rare, & bien digne de noftre confideration. Rien ne fe peut imaginer de plus doux, ni de plus tranquille que leur malice. Il entre dans leur poifon, autant de fucre que d'arfenic; & l'egalité de leur humeur eft femblable au calme de cette Riuiere, où les corps les plus legers vont à fonds, fans qu'il paroifle vne nuée en l'air, ni qu'il y ait vne haleine de vent, qui la pouffe.

Vn Homme de cette forte, eft vn fçauant Artifan de Calomnies : Il ne manque iamais de plaftre, ni de couleurs; Il fçait preparer & polir admirablement les mauvais offices. Il blafme auec des Eloges, & non pas auec des Inuectiues. En apparence, il rend tefmoignage au grand Merite, & en effet, il donne des foupçons de la grande Reputation. Vous diriez

riez qu'il plaint ceux qu'il accuſe, & qu'il a pitié de ceux qu'il veut ruïner. La Rhetorique apprend à meſdire groſſierement; Il a trouvé vne façon bien plus délicate de faire la meſme choſe. Cela s'appelle frapper ſans leuer le bras : C'eſt bleſſer ſans qu'il coule de ſang de la playe, ni qu'il paroiſſe de coup. Il ſe deſguiſe en Ami, pour haïr, auec plus de ſeureté. Et afin qu'il ſoit crû charitable, dans le moment meſme qu'il aſſaſſine, il ne tuë perſonne, dont premierement il ne faſſe l'Oraiſon funebre.

Tous les yeux, dit-il au Prince, ſont tournez ſur luy. Les Soldats l'appellent leur Pere, & le Peuple penſe que c'eſt ſon Interceſſeur, enuers voſtre Majeſté. Il ne tient qu'à luy, qu'il ne ſe preuale de cette faueur vniuerſelle, & que de la poſſeſſion de tant de Cœurs, il ne forme vn Parti qui porte ſon nom. Ie croy neantmoins qu'il ne voudroit pas manquer à ſon deuoir, & qu'il n'a que de bonnes inten-

G 3

tions.

tions. Les *Aſtrologues* & *les Poëtes luy*
promettent bien vn Royaume ; *Mais ou-*
tre que ce ſont gens , *qui ne tiennent pas*
ce qu'ils promettent , *c'eſt peut-eſtre vn*
Royaume d'outre-mer; *Il doit peut-eſtre*
l'aller conquerir aux dernieres extremi-
tez de la Terre.Cependant il y a de l'ap-
parence qu'il ſe contentera de la place,
que voſtre Majeſté luy donne apres elle.
Son ambition ſera plus ſage & plus mo-
deſte, que celle des autres Ambitieux. Il
ſe peut, Sire,que ſes deſſeins reſpecteront
la Couronne de ſon Maiſtre , *& les Loix*
de ſa Patrie.

La ialouſie du Prince s'allumant,
par ces excuſes magnifiques,& par
cette douceur apparente , meſlée
de cette raillerie amere; la desfiance entre en ſon ame, auec l'eſtime.
Mais il reſte encore quelque choſe
à faire.Le trauail eſt heureuſement
commencé; mais il n'en doit pas
demeurer là , & le Courtiſan diſſi-
mulé paſſe plus auant. Il adiouſte,
que quoy qu'on puiſſe dire,& quelque cri-
me

me qu'on allegue, il ne sçauroit conclurre à la condannation d'vn Homme, qui
autresfois a si bien serui; Qu'il faut que
Philippe ou Alexandre se conseille, en
cecy, auec soy-mesme, & auec les Dieux
Immortels, qu'il considere s'il y a plus
de dommage, à se desfaire d'vn Seruiteur de ce merite, qu'il n'y a de peril, à
ne s'en desfaire pas. Vous n. pouvez le
perdre, sans vn notable interest de vostre Estat; Vous ne le pouvez conseruer,
sans vn danger euident de vostre Personne : Regardez, Sire, lequel des deux
vous est le plus proche, ou vostre Estat,
ou vostre Personne. Voyez s'il vaut mieux
vous desfier tousiours de cet Homme là,
ou vous en assurer par le seul moyen que
vous en auez. Vn Souverain peut-il estre
en seureté, tant qu'il y aura vn Particulier qui peut corrompre le Senat, desbaucher les Legions, & faire reuolter les
Peuples?

De cette sorte, sans faire de hau-
tes exclamations, ni employer les
figures violentes, il persuade vne

 Ame

Ame timide, & pousse, la Crainte,
dans la cruauté. Ainsi la Cruauté
fait la douce, & paroist officieuse, &
bien-faisante. Par des loüanges
empoisonnées , & pire mille fois
que la mesdisance toute seiche , il
opine à la mort, en disant qu'il ne
veut pas opiner. Il se descharge de
l'enuie du meurtre par le biais
dont il se sert, pour en faire la proposition. Il defere son Ennemy, en
euitant le nom odieux d'Accusa-
teur. Acheuant de le destruire, luy
donnant le dernier coup, il dissi-
mule encore sa haine ; il fait encore le bon, & le pitoyable.

Mais auec tout cela, il a si grand'
peur qu'il ne meure pas, & que la
Ligue soit la plus forte, qu'apres
auoir ietté, ou Philippe, ou Alexandre, dans des resolutions ex-
tremes, il fait ioüer vn autre ieu de
l'autre costé. Il auertit celuy qu'il
a entrepris de ruïner, *Qu'il n'y a plus
de moyen de le seruir au Palais, contre*

vne

vne infinité d'Ennemis fecrets, qui luy
rendent de mauvais offices : Que pour
luy, il ne connoiſt plus le Preſent, & ne
ſçait que penſer de l'Auenir, voyant le
Prince dans des humeurs ſi eſtranges, &
ſi eloignées de la premiere douceur de
ſon Naturel ; Qu'il eſtime heureux ceux
qui ſont retirez, en leur Maiſon, & qui
ont quitté vne Cour, où les Gens de bien
ont perdu leur place, n'y pouvant plus eſtre
que teſmoins de la violence des meſchans.
Qu'il eſt ſur le point de demander ſon
congé, afin qu'il ne ſemble pas approuver,
par ſa preſence, le mal qu'il ne ſçauroit
empeſcher, par ſes conſeils ; & que ni ſes
yeux meſmes, ni ſes oreilles, n'ayent aucune part aux choſes qui ſe preparent.

Voilà vne petite Monſtre de ce
grand Commerce de Piperie,
que l'on exerce à la Cour. Et c'eſt
à peu pres ce que vouloit dire,
apres noſtre Tacite, l'Hiſtoire ma-
nuſcrite que nous auons veuë par
ſon PESSIMUM INIMICORUM

GENUS LAVDANTES. C'eſt l'explication, ou la paraphraſe du paſſage d'Ammian Marcellin, quand il parle de la Cour de l'Empereur Conſtance; Et ce ſera encore, ſi vous le voulez, le commentaire de ces deux Vers de la diuine Ieruſalem, que le feu Roy Henri le Grand trouvoit ſi beaux, & ſi dignes de Monſieur le * * * *

Grand Fabbro di calunnie, adorne in modi

Noui, che ſono accuſe, & paion lodi.

C'eſt particulierement au Païs de ces deux Vers, où il ſe trouve de ces excellens Trompeurs; & il me ſouvient d'vn des principaux Miniſtres de la premiere Cour de la Chreſtienté, qui eſtoit paſſé Maiſtre en cette belle ſcience. De ſi loin qu'il voyoit vn homme, à qui il venoit de rendre vn manvais office, il luy crioit à haute voix, L'HO SERVITA SIGNOR. Et auec ces maximes de Piperie, il a gouverné

verné fort longs temps le Monde :
Il est paruenu à vne extreme vieil-
lesse, en ne refusant, ni n'accordant
rien ; en ne disant, ni ouy, ni non ;
en receuant les deux Parties, auec
la mesme serenité de visage. Qu'il
meure donc, quand il luy plaira, ce
Romain si peu digne de la vieille
Rome ; si eloigné de la candeur, &
de la sincerité de l'ancien Fabrice,
on pourra mettre, sur son Tom-
beau, auec verité, Qu'il a men-
ti soixante et dix ans,
& que la Comedie, qu'il a ioüée, a
duré toute sa vie.

Il est vray que nous apprenons
de quelques exemples, qu'on a vescu autresfois assez heureusement,
sous ces molles & languissantes
Dominations, & qu'elles n'ont pas
tousiours esté funestes à la Patrie.
Mais il faut prendre garde dans
l'Histoire, si l'Administration que
nous loüons, n'est point la suite
d'vn meilleur Regne, si ce n'est
point

point la chaleur qui reſte d'vn feu
qui n'eſt plus, & le mouvement
du branle qui a ceſſé. Il faut re-
marquer ſi ce ne ſont point les vertus des Peres, qui ſouſtiennent
l'infirmité des Enfans, & leur eſ-
pargne qui fournit à leurs desbauches. Car en effet, apres vn long
ordre, les Affaires vont preſque
d'elles-meſmes, & la Police ne
peut pas ſi toſt receuoir d'altera-
tion, ſe reſſentant encore de la
bonne impreſſion que quelque
grand Prince y aura laiſſée. D'ailleurs c'eſt le naturel des choſes
du Monde, de demander du temps,
& d'auoir de la peine à paſſer
d'vn eſtat à l'autre. De ſorte que
s'il eſt arriué, que la Republique
ſoit demeurée ferme, ſous telles
Puiſſances, foibles, debiles, mal
aſſeurées, elle eſtoit peut - eſtre
obligée de ſon repos, aux bons &
ſolides fondemens, qui auoient
eſté poſez de longue - main, quoy
qu'on

qu'on ne mift au deſſus, que du
chaume, ou de la terre. Ce n'e-
ſtoit pas tant vn fruit du Gouvernement preſent, que les reſtes de
l'heureuſe Conduite du paſſé.

DISCOURS
SIXIESME.

A CETTE ſcrupuleuſe &
défiante Sageſſe, il ſe
peut oppoſer vne cer-
taine Vertu brutale, s'il
m'eſt permis de la nommer de la
ſorte. Mais pour la faire mieux
reconnoiſtre, & pour la définir
en la deſcriuant, ne la nomme-
rions nous point vne Probité paſ-
ſionnée, indocile, impetüeuſe;
qui ſuit pluſtoſt la fougue de la
Nature, que la diſcipline de la
Raiſon; qui a plus de courage que
d'addreſſe?

Au

Au commencement il semble que ce soit vigueur, & ce n'est que dureté; On la prendroit pour force, & ce n'est que violence; dans laquelle l'esprit se fixe, pensant se roidir, & deuient immobile, pour vouloir estre trop ferme. Or est-il qu'il importe de sçauoir tourner & plier l'esprit, selon l'exigence des occasions, & la varieté des suiets qui se presentent. Si on ne le rend souple & maniable; s'il n'est capable de diuerses formes, dans vn Monde si changeant que celuy-ci, son Vsage qui doit estre vniuersel, & n'auoir point d'obiet defini, trouve des bornes, dés l'entrée de la carriere; s'arreste à quelques rencontres, qu'il luy faut choisir; ne s'estend qu'à vn tres-petit nombre de choses. Et ces choses arrivant assez rarement; les Ministres au contraire deuant agir châque jour, il ne se peut pas que d'vne seule drogue, ils facent toutes sor-

tes

tes d'operations, & que du mesme
feu qu'ils eschauffent, ils puissent
encore rafraischir.

J'auoüe bien qu'ils ont beaucoup de cœur, & que leurs intentions peuvent estre bonnes; Mais
il n'y a point d'art ni de methode,
pour conduire ces auantages de la
naissance. Ils sont faits tout d'vne
piece: Et s'il est question de passer par quelque ouverture difficile;
au lieu qu'ils doiuent baisser la te-
ste, il leur faudroit hausser la mu-
raille : Il faudroit contraindre le
Temps, les Hommes & les Affaires, de leur obeïr, & de les suyure.
Ainsi ne voulant jamais entrer,
dans le sens d'autruy; ne pouvant
jamais changer de place, ne con-
noissant point d'autre Raison que
la leur, ils ne sont pas fort propres
à gouverner les Estats, où il est besoin de prendre de nouveaux auis,
sur la nouveauté des accidens qui
arriuent, & où quelquesfois le Pilote

lote peut apprendre quelque chose des Paſſagers.

Quelle malheureuſe regularité,
pour vouloir aller tout droit, de ne
ſe deſtourner pas d'vn Abyſme,
qui eſt au milieu du chemin ; de
donner à trauers les Eſcueils, pour
auoir l'honneur de ne point gau-
chir ; de reietter la bonne reſolution, parce qu'vn autre l'a propo-
ſée ? Cependant les Genereux im-
prudens tombent à toute heure
dans ces Abyſines , & heurtent
ſans ceſſe contre ces Eſcueils : Ne
pouvant parvenir à la premiere
gloire de la Vertu, qui ſeroit de ne
point faillir ; ils negligent la ſeconde , qui eſt de ſçauoir r'habiller ſes
fautes : Ne pouvant eſtre parfaits , ils ne veulent point eſtre pe-
nitens.

Quelque cauſe, bonne ou mauvaiſe, qu'ils ayent embraſſée d'a-
bord , ils apportent vne obſtina-
tion aueugle à la ſoûtenir , & diſputent

putent auffi violemment pour le moindre de leurs fentimens, que pour la Religion de leurs Peres. Volontiers ils feroient Martyrs de leurs Opinions. Ils continüent toufiours le Mal commencé, pour monftrer qu'ils entreprennent, auec jugement, ce qu'ils font auec perfeuerance.

Si vne propofition qu'ils ont mife en auant, par maniere de dif-cours, & qu'ils ne croyent point veritable, vient à eftre conteftée, dés là ils s'intereffent à la defen-dre: Apres, ils fe la perfuadent à demi: Dans le progrés du raifon-nement, ils la tiennent tout à fait affeurée; & ne la quittent point, que de Queftion problematique qu'elle eftoit, pour le plus, au com-mencement de la Conference, ils n'en ayent fait vn point de Foy, en fa conclufion.

Si on les prie de confiderer que les Ennemis font puiffans, & en grand

grand nombre; ils reſpondent qu'il y a beaucoup de gens , & peu de Soldats ; que ce ne ſont point de vrais Ennemis , que c'eſt de la Canaille mutinée. Si on leur remonſtre que le paſſage de l'Armée ne ſe peut faire, par l'endroit qu'ils ſe ſont imaginez ; ils s'agitent , & ſe tourmentent là deſſus de telle façon,qu'il ſemble qu'ils pretendent de l'y faire paſſer , par la ſeule force de leurs paroles.

Je ne me figure point icy des choſes qui ne ſont point. Je ne fais point des Hommes artificiels: J'en connois, Monſeigneur, & je vous les pourrois nommer, qui agiſſent de cette ſorte, dans les Conſeils; qui ne ſe rendent, ni à la Raiſon evidente, ni à la Couſtume eſtablie, ni à l'Vſage receu. Ils oppoſent la ſingularité de leur Opinion au conſentement des Peuples, & à la foule des Exemples. Les Brefs, & les Bulles des Papes ; les Edits, & les

& les Declarations des Rois ſont
pour les autres, & non pas pour
eux. Ils caſſent tous les Actes pu-
blics, quand ils ne s'accordent pas,
aueque leur ſens particulier.

N'auons-nous pas veû en Flan-
dre, premierement, & depuis en
Italie, vn Miniſtre Eſpagnol; qui
eſtoit de cette humeur? Il ne pût
jamais ſe reſoudre à reconnoiſtre
pour Roy de France, le feu Roy
Henry le Grand: Il ne le pût jamais appeller que *le Bearnois*, *ou le
Prince de Bearn*, lors qu'il vouloit
luy faire faueur. La Ligue eſtoit
morte, & ſans eſperance de reſſuſ-
citer. La Paix de Veruins auoit
eſté publiée, & tous ſes Articles
executez. La Reconciliation du
Roy s'eſtoit faite ſolennellement
auec le Saint Siege. Le Roy d'E-
ſpagne luy enuoyoit des Ambaſſadeurs, & en receuoit de luy. Tout
cela neantmoins ne flechiſſoit
point l'eſprit du Miniſtre. Il vou-

loit

loit eſtre plus contraire à la France, que l'Eſpagne, & plus Catholique, que l'Egliſe. Son opiniaſtre-
té excommunioit celuy, que le Pape auoit abſous. Et il en eſtoit encore en ces termes, l'année mil ſix
cens dix, à la veille que le Bearnois
s'alloit rendre Maiſtre d'vn bonne
partie de l'Europe. Et que ſçait-
on s'il n'euſt pas commencé, par
la Duché de Milan, dont ce Miniſtre eſtoit Gouuerneur, afin de luy
faire changer de ſtile?

Les Sages, dont nous fiſmes hier
l'examen, n'aſſeurent quoy
que ce ſoit; n'oſeroient jurer, qu'il
ſoit jour en plein midy; ne ſont
point certains, ſi les choſes qu'ils
voyent, ſont ou Obiets ou Illu-
ſions. Quand on leur demande
leur ſentiment, ils diſent touſiours,
Ie penſe, & jamais *ie ſçay*; & dans
les affaires les plus claires, on ne
peut tirer d'eux que, *peut-eſtre, il ſe*
peut

peut faire, & il faudra voir. Ce qui procede, selon l'auis d'Arisote, d'vne opinion generalement mauvaise, qu'ils ont conceuë du Monde, & des apparences. De sorte qu'ils se peuvent tromper quelquesfois; mais on ne les trompe que rarement. S'ils perdent, ce n'est que pour vouloir trop bien joüer : C'est d'eux-mesmes, & de leur malheur, qu'ils se doiuent plaindre, & non pas de l'auantage, & de la piperie de leur Ennemy. Aussi cherchent-ils premierement la seureté, & en suite le profit. Ils se gouvernent, par le discours de la Raison, qui conclud à l'Vtile & au Certain;& ne vivent pas, selon l'Institution Morale,qui se propose l'Honneste, & le Hazardeux.

Imaginez vous tout le contraire des autres, dont il s'agit, qui ne s'expriment qu'en termes affirmatifs; qui decident les matieres

les

les plus douteuſes, & les plus em-
broüillées, par vn, *cela eſt, il ne peut
eſtre autrement, il faut de neceßité ab-
ſoliie qu'il arriue ainſi.* D'ordinaire
ils quittent le plus grand de leurs
intereſts, pour la moindre de leurs
paſſions. Ils preferent les loüanges aux preſens, & les remercie-
mens aux recompenſes. Ils ſe promettent merueilles de l'Auenir, &
de la Fortune. Ils font valoir leurs
doutes, leurs ſoupçons, leurs eſpe-
rances, juſqu'à l'infini.

Auoüons pourtant la verité,
à l'auantage des Gens d'auiour-
d'huy : Ils valent mieux que les
Gens d'hier. Au jugement d'A-
riſtote, les Timides ſont defe-
ctueux, en ce qu'ils n'aſpirent pas
aux choſes, dont eſt digne le Magnanime, & en ce qu'ils n'aſpirent
pas meſmes à celles, dont ils ſont
dignes. Mais les Audacieux ne
ſont exceſſifs, qu'en ce qu'ils aſpirent aux choſes, dont eſt digne le
Magna-

Magnanime , & non pas eux ; je
parle de la Magnanimité , comme
vous voyez , dans la rigueur des
Philosophes, & non pas dans la licence des Poëtes ; qui appelle-
roient bien Magnanimes nos Gens
d'auiourd'huy, puis qu'ils appellent
ainsi leurs Geans, leur Phaëton,&
leur Capanée.

Il est certain que cette Audace
& cette Fierté ne desplaisent pas
tousiours au Monde : En quelques
rencontres elles ont eu de l'approbation, & des loüanges : Elles
ont esté estimées, & ont reüssi en
la personne de ce Romain , qui
semble si honneste homme à Monsieur le Duc d'Espernon,& à Monsieur le Mareschal Desdiguieres.
Vostre Altesse veut bien que je la
face souvenir du stile,dont il escri-
voit à l'Empereur.

La fidelité de ce Romain estoit
sans reproche : Et neantmoins il
fut accusé , en son absence , &

trouva

trouva vn Delateur à la Cour. Il commandoit vne Armée en Allemagne , & auoit beaucoup de creance & d'autorité, dans sa Province , & parmi les Gens de guerre. Estant averti de ce qui se passoit à Rome , & des mauvais offices qu'on luy rendoit au Palais , il escriuit à l'Empereur vne Lettre hardie & superbe , dont voicy à peu pres les derniers mots. *Ma fidelité a esté pure & entiere, jusques icy, & je ne changeray point , si on ne m'y force. Mais quiconque viendra pour succeder à ma Charge , je suis resolu de le recevoir, comme ayant entrepris sur ma vie.* ACCORDONS NOVS , S'IL VOVS PLAIST , CESAR. A VOVS TOVT L'EMPIRE, ET A MOY MON GOVVERNEMENT.

Ces Gens là difficilement s'entendent , auec l'Ennemy , mais ils se cabrent aisement , contre leur Maistre. Ils ne sont jamais rebelles , de dessein formé , & par inclination

nation au mal ; mais ils le peuvent
eſtre, par deſpit, & par reſſentiment. Ils ne manquent point de
fidelité, pourueû qu’on ſe fie en
eux. Ils ne deſſeruent point, mais
ils veulent ſeruir à leur mode. Ils
veulent eſtre Arbitres de leur de-
voir, & de leur obeïſſance.

Vn de ces Gens là (vous le con-
noiſſez, Monſeigneur,) me voulut
prouver il n’y a pas long-temps,
qu’il ſeruoit ſon Maiſtre, en luy
deſobeïſſant. Ce fut dans vn entretien, de pres de quatre heures,
que j’eus aueque luy, lors que je le
fus viſiter, en ſon Gouvernement,
de la part de voſtre Alteſſe. Par
vne plaiſante diſtinction qu’il faiſoit du Roy, & de l’Eſtat, il me dit
que de fraiſche datte, & dans vne
occaſion, qui n’eſtoit pas encore
paſſée, *il auoit eſté tout droit au bien*
de l’Eſtat, ſans auoir eſcouté pluſieurs
differentes voix, qui le vouloient arre-
ſter par les chemins, en luy alleguant le

H

nom

nom du Roy. A quoy il aiouſtoit, ſe fondant ſur vn principe, qu'il prenoit vn peu de haut; *que le Roy ſon premier Maiſtre, Pere du Roy d'à preſent, luy auoit commandé, auant ſa mort, que s'il venoit vn tel temps, & qu'il arriuaſt vn tel accident, il ne manquaſt pas à faire vne telle choſe, quelque ordre contraire qu'on luy apportaſt de la Cour, pour l'en empeſcher. Qu'il auoit crû eſtre obligé, en conſcience, de ſuiure les intentions du plus grand, & du plus ſage Prince du Monde, qu'il n'auoit pas apprehendé de pouuoir faillir, ſe conformant aux ſentimens de Celuy, qui ne faiſoit point de fautes.*

Mais allez, je vous prie, verifier ce commandement ſecret, qui n'eſt venu à la connoiſſance de perſonne; non pas meſme de la Reine veufue du feu Roy. Pour ſçauoir au vray ce qui en eſt, il faudroit employer les charmes de la Magie: Il faudroit euoquer l'Ame du plus grand, & du plus ſage Prince-

ce du Monde ; de celuy qui ne faisoit point de fautes ; & luy demander, si le Ministre qui l'allegue, ne
l'allegue point à faux. C'est vne
raillerie de penser estre encore à
Philippe, sous le Regne d'Alexandre ; de vouloir persuader à son
Maistre, qu'on a raison de deso-
beïr ; que l'opiniastreté a du merite ; qu'il suffit de bien seruir, quoy
que ce soit, contre le gré de Celuy
qu'on sert.

Que ces Gens là, qui seruent
ainsi à leur mode, soient tousiours,
s'il y a moyen, à deux cent lieuës
de la Cour; Qu'on les employe, s'il
est possible, en des lieux obscurs,
où les mauvais exemples, n'estant
pas si regardez, ne sont pas si dangereux. Mais il seroit mal de les
appeller aupres de la personne du
Prince, où le respect n'est pas
moins necessaire, que le seruice,
& où ils voudroient estre ses Tu-
teurs, plustost que ses Conseillers.

 Ce

Ce font d'excellens Hommes, je ne le nie pas ; mais cette excellence n'eft pas bien en fa place, fous la puiſſance d'vn autre. Ils aiment l'Eſtat & la Patrie ; mais ils haïſſent la Dependance, & la Suiétion. Leur fin eſt droite ; mais leurs moyens font obliques, & femblent contraires à leur fin. Car ayant, pour obiet, le bien de la Monarchie, ils vſent de toute la licence, qui pourroit auoir lieu, dans le Gouvernement Populaire : Encore plus que cela : Voulant feruir, ils veulent feruir, en Souverains. Ils m'ont dit eux-meſmes, dans noſtre entretien, de pres de quatre heures, *qu'ils eſtoient trop Vieux, pour ſe remettre aux premiers elemens de leur deuoir* ; Et moyen foufriant, à ce qu'ils diſoient, je leur ay dit de plus, *qu'ils eſtoient trop grands, pour apprendre cette leçon, qu'vn Docteur de Cour donne à ſon Fils, dans l'Hiſtoire Grecque*, MON ENFANT FAIS

✦AIS TOY PETIT. Bons Gou-
verneurs de Prouince, bons Gar-
diens de la Frontiere, bons Por-
tiers du Royaume, tant qu'il vous
plaira; Mais bons Miniſtres d'E-
ſtat,& bons Courtiſans, je ne l'ac-
corde pas, de la meſme ſorte.

Il y a des Affaires, dans leſquelles il ſe peut prendre diuers Partis; & de pluſieurs biais qui s'of-
frent, on doit choiſir le plus propre, pour les bien manier. En telles Affaires, ils apportent la meſme paſſion, & ſe laiſſent aller aux
meſmes emportemens, que nous
auons deſia remarquez ſur le ſuiet
des Nouvelles. On ne ſçauroit les
voir que dans l'vne,ou dans l'autre
extremité. Ils aiment mieux tomber, que deſcendre. Ils deſirent
auoir Tout, ou Rien. Ils demandent, ou la Mort, ou la Victoire;
Quoy que neantmoins il me ſemble que ce ſoit beaucoup d'emporter les trois quarts, quand on ne

H 3   peut

peut obtenir le Tout; & qu'entre la Mort & la Victoire, il y ait la Paix, qui eſt vn bien de valeur ineſtimable, & qui doit eſtre recherché des Vaincus, & deſiré des Victorieux.

Mais ce qui nous ſemble ne les perſuade pas, & ils n'ont point d'oreilles, pour nos remonſtrances. Il n'y a pas moyen de diuertir leur imagination de ſon obiet, & de luy faire changer de viſée. Ils ſont ennemis de tout accommodement, & ſi attachez aux regles qu'ils ſe preſcriuent, & à la rigueur de l'exacte Juſtice, dont ils ſe picquent, qu'il eſt impoſſible de les rendre capables de l'Equité. Il n'eſt pas poſſible de leur faire prendre recompenſe d'vne choſe, quand elle eſt perduë : Ils veulent le meſme, & non le ſemblable : Ils combattent le ſens de la Loy, par les termes de la Loy, & ſe font iniure, en ſe faiſant droit : Ils me

font

jont souvenir de ces Freres si Celebres dans l'Histoire, qui, ayant
à partager egalement vne succes-
sion, casserent vn verre, pour le
diuiser, & coupperent vn habillement en deux, afin que chacun en
eust la moitié.

Si ceux-cy ne vont pas jusques-
là, & si c'est en dire trop; disons à
tout le moins que, dans les Affaires, ils ne connoissent point ces
temperamens de si grand vsage, &
qu'on employe si vtilement, pour
la perfection des Affaires, pour
joindre les choses esloignées, pour
faciliter les difficiles. Ils ne connoissent point ces Relaschemens,
ces Aiustemens, comme on parle
auiourd'huy en Italie; ce necessaire
Milieu, qui semble souvent venir
du Ciel, & dont on a besoin, pour
conclurre les marchez, auec les
Particuliers; à plus forte raison les
Traitez de Paix, entre les Princes,
les Ligues offensiues & deffensi-
H 4   ves,

ves, les Negociations, où il y va du
falut des Peuples , & de la fortune
des Royaumes.

Nos Farouches vertueux ne
veulent point de ces Temperamens , & de ce Milieu : Dans vn
Eftat qui meurt de vieilleffe, ils
voudroient faire la mefme chofe,
que s'ils gouvernoient, dans vne
Republique nouvellement efta-
blie ; qui feroit encore dans la pureté de fon inftitution , & dans la
vigueur de fes premiers ordres. Ils
ne parlent que du Pouvoir abfolu,
que de l'Authorité du Senat, que
de la Force des Loix ; bien que ce
foient chofes qui vieilliffent, comme les autres chofes, & qui s'affoi-
bliffent, en vieilliffant.

Efcoutez Caton, qui opine dans
la Caufe de Cefar. *Il faut*, dit-il, *le
charger de chaifnes (il ne dit point, Il
faut s'en faifir premierement.) Il faut
l'enuoyer, en cet eftat là, à nos Alliez
qu'il a offenfez ; afin qu'ils fe facent raifon*

son eux mesmes, & qu'il soit puni de ses Victoires iniustes. Ces, il faut sont assez difficiles à executer, la Faueur l'emporte sur la Raison. Il faut, continiie-t'il, qu'il vienne plaider sa Cause en personne, & qu'il nous rende conte de ses Neuf années de Commandement. Il faut que tout se passe, selon les Loix; c'est à dire, selon mon interpretation, il faut haZarder toutes les Loix, pour observer les Formalitez.

Vostre Altesse blasme, je m'asseure, cet austere Republicain, quoy que jamais homme ne fut plus loüé que luy. Ciceron n'estoit pas seulement son Amy particulier, il estoit son Admirateur public. Apres sa mort, il fit quelque chose de plus que son Oraison funebre, & ce qu'il fit donna occasion aux deux Anticatons de Cesar. Ciceron neantmoins parlant confidemment à Pomponius Atticus, auoüe que la Vertu de cet Homme, qu'il admiroit tant, estoit

H 5

inutile

inutile à la Patrie. Il confeſſe que cet Homme diuin, car ainſi le nommoit-il, eſtoit hors d'vſage, & ne ſçauoit pas s'accommoder à la portée de ſon Siecle; que quand il opinoit au Conſeil, *il penſoit eſtre, dans la Republique de Platon, & non pas, dans la lie du Peuple de Romulus.*

Ce mot de Ciceron explique vn Vers de Virgile, auquel les gens de l'Eſchole ne prennent pas garde, & qui merite la reflexion des gens de la Cour. Dans la deſcription du Bouclier de ſon Heros, où diuerſes figures ſont grauées, ayant voulu repreſenter cette partie des Enfers, qui eſt habitée par les Ames Saintes, il y fait preſider Caton, auec ſouveraine authorité, & luy donne juriſdiction, ſur ce Peuple de Juſtes, & de Bien-heureux;

Secretoſque Pios, his dantem jura Catonem;

Et

Et comme l'a traduit vn Poëte de
nos Amis,

*Aux Iustes assemblez Caton donne
des Loix.*

A prendre la chose à la lettre,
la Maison des Cesars estoit offen-
sée, par ces paroles, & leur Ennemy ne pouvoit estre beatifié,
que leur Cause ne fust condannée.
Mais, à mon auis, Virgile s'entendoit en cecy, auec les Cesars.
Sans doute il auoit descouvert à
Auguste le secret de sa Fiction,
qui loüe en apparence, & qui se
moque en effet; qui fait voir que
la Vertu de Caton estoit de l'autre Monde, & non pas de celuy-
ci. Virgile vouloit dire finement,
& d'vne maniere figurée, qu'il
faloit chercher à Caton des Ci-
toyens tout bons, & tout vertueux; qu'il falloit luy faire vn Peuple tout expres, pour estre digne
de luy; que Caton ne pouvoit trouver sa place, que dans vne Societé,

té, qui ne se trouve point, sur la Terre.

Voilà en effet, où il faut que les Catons aillent pratiquer leurs Paradoxes , & debiter leurs Maximes genereuses. Icy nous ne vivons pas en ce Païs-là. Nous ne sommes pas au Païs des Idées, & de la Perfection; où les Ames sont deschargées de leurs Corps, sont gueries des Passions, sont purgées des autres Infirmitez humaines. Qui vit jamais de Republique composée de Philosophes, beaucoup moins de Philosophes Stoïques?

Le Monde a perdu son innocence, il y a long temps. Nous sommes dans la corruption des Siecles, & dans la caducité de la Nature. Tout est foible, tout est malade, dans les Assemblées des Hommes. Si vous voulez donc gouverner heureusement ; si vous voulez trauailler au bien de l'Estat, auec succez , accommodez

vous

vous au deffaut, & à l'imperfection de voſtre matiere. Desfaites vous de cette vertu incommode, dont voſtre Siecle n'eſt pas capable. Supportez ce que vous ne ſçauriez reformer. Diſſimulez les fautes qui ne peuvent eſtre corrigées. Ne touchez point à des Maux qui deſcouvriront l'impuiſſance des Remedes; qui deſcrieront la Medecine, qui rendront ridicules les Medecins. Reſpectez ces fatales Maladies, qui ſont enuoyées d'en-haut, & où il ſe remarque quelque choſe d'eſtranger, & d'inconnu. *Quand le doigt de Dieu paroiſt, il faut qu'il face peur à la main des Hommes.*

A la bonne heure, contentez, s'il ſe peut, l'honneur & la dignité de la Couronne.   Mais ne perdez pas la Couronne, pour en vouloir conſeruer l'honneur & la dignité. Ne vous attachez pas de telle ſorte à cet *Honneſte*, ſauvage, rigou-

rigoureux, & philofophique; que
vous ne le quitiez, & la neceffité
l'exige de vous, pour vn autre *Hon-*
nefte, plus humain, plus doux, &
plus populaire. Souvenez - vous
que la Raifon eft beaucoup moins
preffée, dans la Politique, que dans
la Morale; qu'elle a fon eftenduë
plus large & plus libre, fans com-
paraifon, quand ils s'agit de rendre
les Peuples heureux, que quand il
ne s'agit que de rendre gens de
bien les Particuliers. Il y a des Maximes, qui ne font pas iuftes de
leur nature, mais que leur vfage in-
ftifie. Il y a des Remedes fales; Ce
font pourtant des remedes : Dans
ces falutaires Compofitions, il entre du fang humain; il entre de l'ordure, & d'autres vilaines chofes :
Mais la Santé eft encore plus belle, que toutes chofes ne font vilaines. Le venin guerit en quelque
rencontre, & en ce cas là, le venin
n'eft pas mauvais.

Meffieurs

Meſſieurs les Catons, ne ſoyez
pas trop honneſtes, ni trop iuſtes.
Ne decernez point de priſe de
corps, contre ce Coupable, qui a
vne armée, pour ſe defendre de vos
Sergens; D'vn Mutin, n'en faites
point vn deſeſperé. Au nom de
Dieu ne forcez point ce nouveau
Ceſar, à paſſer le Rubicon; à ſe
rendre Maiſtre de ſa Patrie, à dire
ces paroles remarquables, en re-
gardant les Morts d'vne bataille,
qu'il aura gaignée, *ils ont voulu leur
propre malheur*; Apres auoir fait de
ſi grandes choſes, on m'euſt donné
des Commiſſaires, ſi ie ne me fuſſe
ſerui de mes Soldats : I'euſſe eſté
condanné, ſi mon Innocence n'euſt
eſté armée : On me menaçoit de
chaiſnes, & de priſon. On m'euſt
liuré aux Barbares, ſi ma Cauſe
n'euſt eſté auſſi forte, qu'elle eſtoit
bonne.

C'eſt vn Monſtre, ie vous l'a-
voüe; C'eſt vn Prodige moral, que
de

de voir vn Citoyen, qui impoſe des
Loix à ſa Ville ; que de voir vn
Suiet, qui traitte aueque ſon Prince. Mais ſouvent pareils Prodiges
ne peuvent eſtre expiez , que par la
diſſimulation , & par l'indulgence.
Quand on ne peut domter ces ſortes de Monſtres, il faut eſſayer de les
apriuoiſer. S'il ne tient qu'à donner à vn Victorieux, qui eſt armé,
vn Aueu des choſes paſſées , pour
luy faire poſer les armes ; ne vous
opiniaſtrez point , à luy faire prendre vne Abolition. Ne pointillez
point ſur les Formes , & ſur les Paroles. Enuoyez luy ſon Aueu, auſſi
ample , & auſſi auantageux qu'il le
pourra deſirer ; Que ce ſoit luy qui
le dicte, & que ce ſoit vous qui l'eſ-
criuiez, qu'il ſoit eſcrit en Papier
doré ; qu'il ſoit tout peint , & tout
parfumé de ſes loüanges.

I'ay leû autresfois , auec quelque
ſorte d'indignation , vne Lettre de
Iean Mathieu Giberti, Eueſque de
Veron-

Veronne, & Dataire du Pape Clement septiefme. Elle eft addreſſée au Nonce de ſon Maiſtre, aupres du Roy de Hongrie; Et par cette Lettre, il luy teſmoigne, *Que le Pape deſire extremement la reconciliation du Royaume de Boheme, auec le Saint Siege; Mais que luy, Dataire, preuoit vn tres-grand empeſchement, qui peut combattre l'extreme deſir de ſa Sainteté; C'eſt qu'il n'eſt pas de la grandeur & de la dignité de l'Egliſe, de rechercher, ni les Rois, ni les Royaumes; & que dans vne Affaire de ſi grande reputation, l'ordre ne doit pas eſtre renuerſé, ni la bienſeance violée; Que pour cet effet, il feroit à propos de trouver quelque moyen, qui obligeaſt les Bohemes à commencer les premiers cette pratique, & à faire les auances: Que ſe preſentant au Cardinal Campege (qui eſtoit legat en Allemagne) ils feront receus à bras ouverts, mais que ne ſe preſentant pas, le Legat ne peut point aller au deuant d'eux, ni le Iuge ſolliciter les Parties; Qu'il faut*

leur .

leur accorder ce qu'ils demandent , mais qu'il ne faut pas leur offrir ce qu'ils ne demandent pas. N'est il pas vray que voilà vn grand Menager du Point d'honneur? Cette espargne ridicule me desplaist, dans le procedé de Iean Mathieu Giberti , qui estoit d'ailleurs vn excellent Homme.

Il me fasche encore, & i'ay despit, que nostre Demosthene ait esté de ces gens là. Ie voudrois de bon cœur que ce fust vn autre que luy , qui eust dit, dans le Conseil d'Athenes , sur le suiet d'vne petite Isle, voisine de Samothrace, qui estoit contestée entre les Atheniens , & le Roy Philippe; *Si le Roy vous veut rendre l'Isle , & que le Mot de* rendre *soit porté par le Traité , ie vous conseille de la receuoir ; mais non pas s'il pretend de la vous donner , & s'il appelle* Bien-fait *la restitution de ce qui a esté vsurpé sur vous.*

Vous voyez, par là , que les grands Personnages se sont amu-
sez

fez à des vetilles, & que celuy-ci faifoit plus de cas de la vanité du Mot que de la folidité de la Chofe. Si l'Empereur Charles euft voulu faire vn prefent de la Duché de Milan, à nos derniers Rois, & que Demofthene euft efté de leur confeil, il leur euft confeillé de refufer le prefent, de peur de faire tort aux Droits qu'ils auoient fur la Duché. Il euft mieux aimé garder de iuftes pretenfions, & fe confoler par l'efperance de l'Auenir, que de ioüir de l'auantage des chofes prefentes, & d'accepter la poffeffion d'vne feconde Couronne, auec des termes, qu'il n'euft pas crû eftre de la dignité de la premiere.

En ce mauvais Monde, où nous viuons, quand on nous fait iuftice, imaginons-nous qu'on nous fait grace. Ne foyons point auares des termes, & des apparences, pourveû que l'effentiel nous demeure. Qu'on emporte quelques Ta-

bleaux,

bleaux , & quelques Giroüettes, pourueu qu'on nous laiſſe les Murailles & le Toit. Qu'on die que c'eſt Preſent, que c'eſt Grace, que c'eſt Aumoſne, ſi on le veut: Quand la Piece ſera noſtre, il nous ſera aiſé de luy donner vn plus beau Nom, & qui nous plaira dauantage. Ayons auec honneur les Iſles, qui nous appartiennent ; mais ayons-les, à quelque prix que ce ſoit. Loüons-nous d'vn petit tort qu'on nous fait, pluſtoſt que de nous plaindre à la Poſterité, d'vne grande iniuſtice qu'on nous a faite.

Il vaut mieux n'auoir pas la veuë ſi bonne & ſi penetrante, dans la diſcuſſion de ſes Droits, de peur d'y deſcouvrir trop de iuſtice. Il vaut mieux n'eſtre pas ſi habile, dans ſon propre fait, de peur d'en eſtre trop perſuadé. Ce ſentiment ſi ſubtil, & ſi delicat, des iniures qu'on a reçeuës, n'eſt pas vne choſe bien commode, quand il s'agit de la repar[a]-

paration, qu'on en veut auoir. Vne
ſi haute opinion du merite de ſa
Cauſe, ſe souſmet difficilement au
iugement, & à la deciſion d'autruy.
Tout cela ne ſert qu'à rendre impoſſible ce qu'on a deſſein de faire,
qu'à s'amuſer dans des lieux, d'où
il faut ſortir, le plus promptement
qu'il eſt poſſible. Ce ne ſont pas
des moyens d'agir ; ce ſont des empeſchemens de l'action ; ce ne ſont
pas des outils, pour applanir les
difficultez de la Carriere ; ce ſont
des pierres au deuant du But. Ce
ſont en effet des qualitez releuées,
qui accompagnent d'ordinaire la
Nobleſſe de cœur, & la generoſi-
té : Mais d'ordinaire elles nuiſent
plus qu'elles ne profitent : Pour le
moins on ne les doit pas mettre à
tous les iours, & les Foibles ne
s'en peuvent pas ſeruir vtilement,
contre les plus Forts.

Ie ne ſçay pas comme ils l'entendent. Mais il me ſemble qu'vn
Trait-

Traitté ne sçauroit se conclurre
plus malheureusement, & auoir vn
plus triste succez , pour vne des
deux Parties, que quand apres vne
longue Negociation; apres vne infinité de paroles iettées au vent, &
d'Escrits qu'il faut mettre dans le
feu, elle est obligée *d'en appeller à vn
autre Siecle*, & qu'elle rapporte au
logis toute sa raison, & tout son
honneur. On feroit bien mieux de
quiter quelque chose de cette raison, & de cet honneur. Pourquoy
non consentir à vn accommodement, qui sera raisonnable, par la
consideration de l'Vtile, & qui ne
sera pas deshonneste, dans la necessité du Temps, à laquelle la generosité mesme, & la noblesse de
cœur se doiuent accommoder ?

Ne nous laissons donc point
ebloüir à la reputation de la
Sagesse des Grecs. Que les Orateurs d'Athenes ne nous persuadent

dent pas plus les vns que les autres. Le Païs, l’Antiquité, le Merite
de ceux qui ont failli, au lieu de iu-
ſtifier les fautes, les rend ſeulement
plus viſibles, & plus remarquables.
Vne fois en noſtre vie, ſeruons
nous de la liberté de noſtre Iugement, qui ne doit pas touſiours
eſtre ſubalterne, de celuy des
Grecs & des Romains. C’eſt vn ſu-
jet de conſolation, pour noſtre
pauvre Humanité, de voir qu’il y a
de l’homme, dans les Heros.

Que cela me fait de bien, me diſoit
autrefois vn excellent Homme, *de
voir que les Heros ont fuy; que les Sages
ont fait des ſotiſes; que ce grand Orateur
s’eſt ſerui d’vn mauvais Mot; que ce
grand Politique a eſté d’vne mauvaiſe
Opinion*. Ces Exemples de Foibleſſe & d’Infirmité, eſtoient les
Spectacles, & les Paſſe-temps, qui
diuertiſſoient quelquefois cet excellent Homme. Il ſe mocquoit
de Demoſthene, & de ſon ridicule

Point

Point d'honneur : Mais il se mocquoit encore plus de Cleon, & de
son extrauagante probité.

Celuy-ci ayant esté appellé au
Gouvernement de la Republique,
voulut signaler l'entrée de sa charge, par ie ne sçay quoy de bien nouveau, & de bien estrange. Le lendemain de sa promotion, il enuoya
prier ses Amis de venir chez luy,
où estant tous arriuez, & chacun
auec esperance d'auoir bonne part
à sa fortune, il leur tint vn discours
auquel pas vn d'eux ne s'attendoit,
& qui faillit à les faire tomber de
leur haut. Il leur dit, *qu'il les auoit*
assemblez en sa maison, pour les en chas-
ser, & pour leur declarer que veritable-
ment estant Personne priuée, il auoit esté
leur Ami ; mais qu'estant deuenu Magi-
strat, il croyoit estre obligé de renoncer à
leur amitié. Il s'imagina que cette
declaration estoit vn original de
vertu ; vn acte de probité heroï-
que, la plus belle chose qui se fust
faite

faite à Athenes, depuis la fonda-
tion de la Ville ; depuis Thesée
iusques à Cleon. Il crût qu'il faloit qu'vn homme d'Estat fust vn
Ennemy public ; que pour la premiere espreuve de sa vigueur, il se
desfist de toutes ses inclinations,&
de toutes ses amitiez; qu'il rompist
tous les liens de la Nature , & de la
Societé.

I'ay veû de ces faux Iustes, deça
& delà les Monts. I'en ay veû,
qui pour faire admirer leur inte-
grité , & pour obliger le Monde
de dire, que la Faueur ne peut rien
sur eux , prenoient l'interest d'vn
Estranger, contre celuy d'vn Parent , ou d'vn Ami , encore que la
Raison fust du costé du Parent , ou
de l'Ami. Ils estoient rauis de faire
perdre la Cause qui leur auoit esté
recommandée, par leur Neueu,ou
par leur Cousin germain , & le
plus mauvais office qui se pouvoit rendre à vne bonne affaire,

I   estoit

eſtoit vne ſemblable recommandation. Lors que pluſieurs Com-
petiteurs pretendoient à vne meſme Charge , ils la demandoient,
pour celuy qu'ils ne connoiſſoient
point, & non pas, pour celuy qu'ils
en iugeoient digne.

Ie proteſte icy derechef, que ie
n'amplifie point les choſes. Ie ne
ſuis point exagerateur, comme celuy qui ne racontoit que des prodiges à voſtre Alteſſe, & n'auoit rien
veû de ce qu'il luy racontoit. Ie
vous rends raiſon , Monſeigneur,
de ma propre experience , & ie
pourrois nommer ceux de qui ie
parle. I'en ay veû qui auoient ſi
grand' peur de fauoriſer quelqu'vn , qu'ils deſapprouvoient,
qu'ils blaſmoient , qu'ils condan-
noient tout le monde , & le plus
ſouvent , ſans ſçauoir pourquoy.
C'eſtoit en eux, pluſtoſt bizarrerie
que cruauté , pluſtoſt intemperan-
ce de langue, & bile qui s'exhaloit;
que

que malice meditée, & deſſein de
nuire, conceu dans l'eſprit, & di-
geré par le Temps, & par le Diſcours. Ils euſſent appellé Iules Ceſar, Yvrogne, vne heure apres
auoir dit de luy, Qu'vn Sobre
estoit venv rviner la
Repvbliqve.

Voſtre Alteſſe a oüi parler de
ce Conſeiller, qui opinoit ordinairement à la mort, & qui s'endor-
moit quelquefois auſſi ſur les
Fleurs-de-Lis, Vn iour le Preſident de ſa Chambre, recueillant
les voix de la Compagnie, & luy
ayant demandé la ſienne, il luy reſpondit en ſurſaut, & n'eſtant pas
encore bien reſueillé, *qu'il eſtoit d'a-*
vis qu'on fiſt coupper le cou à cet Homme
là. Mais c'eſt vn Pré, dont eſt queſtion,
dit le Preſident: *Qu'il ſoit donc fau-*
ché, repliqua le Conſeiller.

Encore vne fois, ce n'eſt ni malice, ni cruauté; c'eſt fantaſie, c'eſt
chagrin, c'eſt bile, qui domine
I 2   dans

dans le temperament de ces Conseillers, & qui noircit de sa fumée,
leurs premiers mouvemens, &
leurs premieres paroles. Cette humeur aduste imprime, sur leur
front, vne Negatiue perpetüelle,
auec laquelle ils vont estouffer les
prieres, iusques dans le cœur des
Supplians. Ils refusent les choses,
qu'on ne leur a pas demandées, &
qu'on n'a pas mesme dessein de
leur demander.

Ces Conseillers ne sont pas
ceux qui doiuent estre appellez au
Conseils des Rois. Quand ils seroient le contraire de ce qu'ils pa-
roissent, ils ne seroient pas pourtant à loüer, d'auoir si peu de soin
du dehors de la Vertu, & de l'apparence du Bien. Quand ils auroient
l'ame bien-faisante, leur mine ga-
steroit tousiours leurs bien-faits:
leur mauvaise humeur ruïneroit
tout le merite de leurs bonnes
actions. Voyez comme ils se rem-
parent,

parent, d'vne feuerité affreufe, &
inacceffible ; comme ce Fantofme
de feuerité rebute, & efpouvente
le Monde. Voyez comme ils s'e-
ftudient à fe desfigurer l'exterieur;
comme ils portent ce vilain maf-
que aux Nopces mefmes, & aux
Feftins, où ils affectent auffi bien
qu'ailleurs, de fe monftrer terri-
bles & redoutables.

S'il a efté dit autresfois d'vn
Grec, tres-homme de bien, &
tres vertueux, QV'IL N'AVOIT
PAS SACRIFIÉ AVX GRA-
CES ; il fe peut dire de ces Efpa-
gnols, ou de ces François, tres-gens
de bien auffi, & tres-vertueux, que
non feulement ils font plus inde-
vots que ce Grec ; mais que paffant
de l'indeuotion à l'Impieté, bien
loin de facrifier aux Graces, ils en
ont abbatu les Autels ; ils ont mis
le feu au Temple de ces bonnes
Deeffes, ils s'efforcent d'en abolir
tout à fait le culte;acheuons de faire

I 3　　　leur

leur Eloge, & de reprefenter dans l'Efpece, les Indiuidus que voftre Alteffe a remarquez en diuerfes Cours, où elle a efté.

Il eft impoffible de s'approcher d'eux, fans fe piquer : Ils iettent des pointes, & des aiguillons, de tout le corps: Leurs loüanges mordent; Leurs careffes egratignent : Et comme il y a certains Maladroits, qui choquent les Vifages, qu'ils veulent baifer; eux de mefme ne fçauroient obliger qu'en defobligeant : Ils ne fçauroient promettre qu'auec des yeux & des fourcils, qui menacent. Ils accordent les faueurs, & les courtoifies, du mefme ton que les autres les refufent.

DIS-

DISCOURS
SEPTIESME.

IVSQVES icy nous n'a-
vons attaqué personne,
qui ne se puisse defendre.
Et si vostre Altesse le trouve bon,
excusons mesme ceux que nous
auons accusez. Ne reprochons
point aux hommes les vices de leur
naissance. Soyons indulgens à l'infirmité humaine. Donnons quelque chose au temperament du
corps, qui peut marquer l'esprit de
ses taches. Compâtissons à la foiblesse des Esprits, puis que nous
les receuons tels qu'on nous les
baille, & que nous ne les prenons
pas à nostre choix.

La subtilité de l'Intelligence,
la solidité du Iugement, la Prudence courageuse, la Hardiesse
consideree, ne sont pas des cho-

I 4   ses

ſes volontaires:Elles ne dependent pas plus de noſtre election, que lá ſanté, & la belle taille. Nous ſommes reſponſables de nos fautes, & non pas de celles de la Nature. Il n'y a perſonne qui ſoit tenu d'eſtre habile; Mais il n'y en a point qui ne ſoit obligé d'eſtre Bon: Et ſi nous ne pouvons fournir à la gloire du Public, de la Valeur, & de la Sageſſe,nous deuons pour le moins contribüer de l'Innocence, au repos de la commune Societé.

Que dirons nous donc de ces Heureux Inſolens, qui combattent, à enſeignes deſployées, l'authorité des Loix, & de la Iuſtice; qui apportent au Gouvernement des Eſtats, vn deſſein formé de les ruïner; qui prennent leur graiſſe, & leur embonpoint, du ſuc, & de la ſubſtance des Prouinces eſpuiſées; qui baſtiſſent leur Maiſon,du debris, & de la diſſipation de tout vn Royaume?

Que

Que dirons nous de ces Valets infupportables, qui vangent leurs moindres querelles, auec les bras & les armes de leur Maiftre; qui declarent Criminels de Leze-Majefté, tous ceux qui ne fe profternent pas deuant eux; qui par vne Paix fanglante & crüelle, noire de deüil, & de funerailles, portent les Peuples au defefpoir; reduifent les plus gens de bien, à ne pouvoir fe fauver que dans la Revolte?

Que dirons nous enfin de ces lafches Courtifans, qui font les Triomphateurs, & n'ont pas efté les Victorieux; qui ioüiflent dans l'oifiueté, des peines, & des füeurs des grands Capitaines; qui attendent à la Comedie, & au Bal, les nouvelles du gain des Batailles, & de la prife des Villes, dont il faut que les Generaux leur rendent conte?

Regardez-les dans l'ancienne
I 5 Hiftoi-

Hiſtoire , & dans la Moderne.
Voyez comme tout leur eſt butin,
& tout leur eſt proye ; comme ils
ſe paiſſent de tous les corps Morts
(ainſi parloit-on autresfois à Rome) & ne laiſſent que la perte , &
l'affliction aux Familles deſolées ;
aux Orphelins & aux Veuves. Car
quoy qu'eſtant ſortis de la bouë,
ils ne ſoient, à bien dire, Parens de
perſonne , ils croyent eſtre Heri-
tiers de tout le Monde. Il n'eſt
point d'Officier de la Couronne,
point de Gouverneur de Place,
dont ils ne pretendent que la ſuc-
ceſſion leur appartienne. Ils ne
penſent point eſtre en ſeureté, tant
qu'il y a vn Trou, & vn Precipice,
qui ſoit en la puiſſance d'vn Autre.

Voſtre Alteſſe me fait ſigne que
cette Deſcription luy a plû : C'eſt
qu'elle aime la Verité, quelque ne-
gligée , & en quelque deſordre
qu'elle puiſſe eſtre : Elle l'auroit
trouvée belle , & les pieces de la
Deſcri-

Defcription feroient placées plus
iuftement, fi i'auois pris garde, de
plus pres, aux regles de l'Art. Mais
la foule des chofes rompt fouvent
les compas, & les mefures. Ie re-
prefente fans auoir deffein d'aiu-
fter, ni d'embellir. Le Monde me
fournit tout ce que ie debite, qui
ne defplaift pas à Voftre Alteffe.
Confultons encore, Monfeigneur,
la longue experience de ce vieux
Monde, vne experience qui embraffe tant de Siecles, & tant de
Païs. Demandons luy des nouvelles plus particulieres de ceux qui
l'ont gouverné, en defpit de luy; de
ces Gens qui ont regné fans Couronne, fans Droit, & fans Merite.

Telles Gens s'introduifent ordinairement à la Cour, par des
moyens bas, & quelquesfois peu
honneftes : Ils doiuent quelquesfois le commencement de leur fortune, à vne farabande bien dancée,
à l'agilité de leur corps, & à la
beau-

beauté de leur visage : Ils se font valoir par des seruices honteux, & dont le payement ne se peut demander en public : Ils se mettent en credit, par la seule recommandation du Vice.

Leur dessein n'estant que de faire des propositions agreables, ils ne regardent point s'ils profitent, ou s'ils nuisent : Pourueu qu'ils plaisent, ce leur est assez. Et pour establir cet estroit commerce, qu'ils meditent, aueque le Prince, ils s'insinüent dans son esprit, par l'intelligence qu'ils taschent d'auoir, aueque ses passions. Mais s'estant vne fois emparez de son esprit, ils en saisissent toutes les auenuës, & n'y laissent pas seulement d'entrée à son Confesseur. Quelque foible & tendre que soit l'inclination qu'il a au Mal, ils l'arrosent, & la cultiuent, auec tant de soin, que bien-tost il se forme vn gros arbre, d'vne petite semence,

& vne

& vne habitude violente & opinia-ſtre, d'vne legere diſpoſition.

Ce ſont des Petrones, & des Tigellins aupres de Neron : Ce ſont des Aduocats de la Volupté, qui plaident ſa Cauſe, contre la Vertu, & y reüſſiſſent beaucoup mieux que ne fit la Volupté elle-meſme, quand elle ſe preſenta au jeune Hercule, & le harangua dans le Carrefour.

Il n'eſt pas croyable de combien de charmes ils ſe ſeruent, ſans employer ceux de la Magie, dont le Peuple ne laiſſe pas de les accuſer. Bon Dieu! combien ſont-ils ingenieux à inuenter de nouveaux plaiſirs à vne Ame ſaoule, & deſgouſtée! Auec quelles pointes, & quels aiguillons ſçauent ils reſveiller la conuoitiſe endormie, languiſſante, & qui n'en peut plus! Pour cela ils ne manquent pas d'appetits extrauagans, d'obiets eſtrangers, & de viandes incon-nuës.

nuës. Ils en iroient pluſtoſt chercher , juſqu'au bout du Monde ,
juſqu'au delà des bornes de la Nature ; juſques dans la licence des
Fables. A leur dire, les Sybarites
ont eſté de groſſiers Voluptueux:
En matiere de delices, Naples &
Capoüe, les Corruptrices d'Annibal , n'y entendoient rien.

Toutesfois,ils ne ſe rendent pas
les Maiſtres, du premier coup : La
Vertu & Eux diſputent quelque
temps de la Faueur, à la Cour d'vn
Prince de dix-huit ans : Tantoſt
elle a le deſſus , & tantoſt elle leur
cede. Ilspartagent, auec elle, les
affections, l'eſprit , & les heures.
Burrhus eſt eſcouté ; Mais ils em-
peſchent qu'il ne ſoit cru. Ils ſont
comme le contrepoids de Seneque ; Mais à la fin ils emportent
tout à eux. Les Epicuriens deſtrui-
ſent autant , en trois jours, que le
Stoïque auoit baſti, en cinq ans.
Au moins peut-on dire, qu'ayant
pris

pris la place, ils desfont les Tra-
vaux piece à piece. Ils attaquent les
bonnes parties de leur Maiftre,
l'vne apres l'autre. Des pechez
veniels, où ils ont trouvé cette
jeune Ame, rendant du combat, &
faifant de la refiftance, ils la conduifent, de degré en degré, à la
Tyrannie, & aux Sacrileges.

Au commencement, ils fe contentent de luy fouffler aux oreilles, qu'il n'eft pas neceffaire au
Prince, d'eftre fi homme de bien;
qu'il fuffit qu'il ne foit pas mef-
chant; Qu'il auroit trop de peine,
à fe faire aimer; qu'il s'empefche
feulement de fe faire haïr; Que la
Probité folide & perpetuelle eft
trop pefante & trop difficile; mais
que fon Image, qui ne change
point, a le mefme eclat que l'Original, & produit le mefme effet.
Que, de temps en temps, vn acte
vertueux, qui ne coufte gueres,
fait bien à propos, peut entretenir

la

la reputation. De là ils vont plus
auant, & ne le laiſſent pas en ſi beau
chemin : Apres luy auoir fait paſſer le bien, pour indifferent, ils luy
font trouver le mal raiſonnable:ils
donnent au Vice la couleur de la
Vertu.

S'il luy prend enuie de ſe desfaire d'vn de ſes Parens, contre la de-
fenſe expreſſe de la Religion de
l'Eſtat, qui ne veut pas *qu'on verſe
le ſang de l'Empire*, ils luy conſeillent de le faire eſtrangler, auec la
corde d'vn arc, afin qu'il ne s'en
perde pas vne goutte, & que la Religion ſoit ſatisfaite. S'il a vn Inceſte en teſte, & que cet Inceſte
ſoit combatu de quelque remors,
ils viennent incontinent au ſecours
de ſon eſprit trauaillé. Ils ſoulagent ſes peines, par vne ſubtilité
merueilleuſe; luy repreſentant, que
veritablement il n'y a point de
Loy, qui permette au Frere de
coucher auec ſa Sœur; mais qu'il

y a

y a vne Loy fondamentale de la Monarchie, & Maiſtreſſe de toutes les Loix, qui permet au Prince de faire ce qu'il luy plaiſt.

Pour authoriſer les grandes fautes, ils ne manquent pas de grands Exemples. *Ce n'eſt pas en Turquie, luy diſent-ils, & chez les Barbares, qu'il faut chercher des exemples : Le Peuple de Dieu, la Nation Sainte, vous en fournira plus qu'il en faut. Le Roy qui a baſti le Temple, a eſté auſſi le Fondateur du Serrail, & on ne voit aujourd'huy, à Conſtantinople, que la copie de ce qu'on a veû autresfois, en Ieruſalem. Vous vous contentez d'vne ſeule femme; Et le Sage par excellence, le Sage Salomon en a eu ſix - cens, que l'Eſcriture Sainte nomme legitimes, ſans conter celles, qui ne l'eſtoient pas. Mais vous auez bien oüi parler de la derniere volonté de Dauid ſon Pere, & des belles choſes qu'il ordonna, par ſon Teſtament. Ie ne veux point vous exagerer ces choſes: Conſiderez ſeulement*

par

par combien de Morts il conseilla à son Fils d'asseurer sa Vie.

Dans la Loy de Grace vous ne trouverez pas plus de douceur. Vous hesitez, vous apprehendez de chasser vn Frere, de mettre en prison vn Cousin germain. Le Grand Constantin, ce tres-saint, tres-religieux, & tres-diuin Empereur, comme il a esté appellé, par la bouche des Conciles, a bien fait plus, sans deliberer. Ne sçauez vous pas qu'il fit mourir son propre Fils, au premier soupçon qu'on luy en donna? Il est vray qu'il eut regret de sa mort, & qu'il reconnut son innocence: Mais cette reconnoissance vint vn peu tard, & son regret dura que vint-quatre heures. Il crût en estre quitte, pour faire eriger, au Defunt, vne Statuë, auec cette Inscription. A MON FILS CRISPVS, QVE I'AY FAIT MOVRIR INIVSTEMENT.

Faites difficulté, apres cela, de vous descharger d'vn fardeau, qui vous incommode; d'oster de vostre chemin, vn homme

homme qui vous presse, dans le Monde,
& qui vous marche, sur les talons; vn
Cousin au troisiesme, ou au quatriesme
degré; qui a dessein de sauter tous ces
degrez, pour se mettre en vostre place?

Vous auez qnelque consideration, pour
le charactere & pour la personne des Ec-
clesiastiques, qui ne veulent pas vous
rendre vne obeïssance aucugle. Charlemagne, qui est vn des Saints de nostre
Eglise, vn des Predecesseurs des Rois de
France, n'eut pas le mesme respect que
vous. Il tua de sa propre main vn Abbé
reuestu à l'Autel, & prest de dire la
Messe, qui luy auoit refusé je ne sçay
quoy.

Vous espargnez l'Authorité absolüe;
Vous n'osez vser de force, quand le bien
de vos affaires vous le demande; L'exemple du mesme Charlemagne vous oste
tout le scrupule, que vostre conscience
vous pourroit donner. Quoy qu'on vous
die de ses Capitulaires, il ne connoissoit
point de meilleur, ni de plus grand droit
que celuy des Armes : Le pommeau de
son

son espée luy seruoit de sceau, & de ca-
chet. Ne pensez pas que j'en veüille
faire accroire. Cecy est historique, &
doit estre pris à la lettre : On trouve
encore auiourd'huy des Priuileges accor-
dez, & des Donations de Terres faites
par ce bon orthodoxe Empereur, presens
Roland, & Oliuier, qui sont scellées
du pommeau de son espée, & qu'il promet de garantir, par le tranchant de la
mesme espée.

Il y a eu des Fauoris; je ne dis pas
où, mais il y en a eu, qui ont fait
au Prince ces dangereuses Leçons;
& je le sçay des Docteurs mesmes,
qui leur auoient recueilli ces belles
histoires.

S'ennuyant enfin de defendre
des Crimes, qui n'ont point de Juge, & d'excuser vne cruauté tou-
te-puissante, ils ont dit franche-
ment au Prince, que lors qu'il n'y
auoit point d'exemple de quelque
chose, il en faloit faire ; que ce
qui estoit inoüi, ne le seroit plus,
quand

quand il feroit fait ; qu'il eftoit
honteux à l'Authorité fouveraine,
de rendre raifon, quoy que ce foit ;
& meffeant à qui a des Flottes, &
des Armées, pour maintenir fes
actions, de chercher des paroles,
& des pretextes, pour les degui-
fer.

Il n'y a point d'homme (c'eft le
langage des Seians, & des Plau-
tians) qui foit innocent en toutes
les parties de fa vie, & qui en fon
ame ne haïffe fes Superieurs. Par
confequent, le Prince ne fçauroit
condanner que des Coupables, ni
frapper que fur des Ennemis : Par
confequent, il gratifie celuy à qui
il ofte le bien, de ce qu'il ne luy
ofte pas l'honneur, & de ce qu'il
luy laiffe la vie. Selon leurs Principes, la Loyauté eft vne vertu de
Marchand, & non pas de Souverain. Ils alleguent de je ne fçay
quel Poëte, *que dans le Ciel on met*
en mefme balance les fermens des Prin-
ces,

ces, & des Amants; *Que les Dieux se rient egalement des vns & des autres; Que Iupiter commande qu'on les jette au vent, comme choses viles, & de nulle consequence.*

Ainsi en bouffonnant, & en alleguant les Fables, ils persuadent tout de bon au Prince, qu'il n'est point obligé à sa parole, apres luy auoir persuadé qu'il n'est pas suiet, non plus, aux fantaisies, & aux visions des Legislateurs ; Ils soustiennent que c'est à luy à definir de nouveau aux Hommes, ce qui est bon & mauvais; à declarer au Monde, ce qu'il veut qui soit juste & iniuste à l'auenir; à mettre le prix & l'estimation à chaque chose, aussi bien dans la Morale, que dans la Police.

Voilà comme se font les Tyrans. De ce germe, s'engendrent les Monstres.. De ces commencemens, on vient à mettre le
feu

feu à Rome ; à faire vne boucherie
du Senat ; à deshonnorer la Nature, par ſes desbauches, & à luy declarer la guerre par ſes parricides.
Les Complaiſans ſont les premieres cauſes de tant de malheurs ; &
ſi ces Vents ne ſouffloient point,
nous ne verrions point de ces tempeſtes. Ce n'eſt donc pas ſans ſuiet,
que nous en parlons auec quelque
emotion, & qu'eſtant en bon eſtat
de ce coſté là, par la bonne conduite de Voſtre Alteſſe, l'Humanité nous conuie à compâtir aux
peines des Eſtats malades, & des
Peuples affligez. Mais ne nous
contentons pas de les plaindre ;
Reuenons de la pitié à l'indignation.

Puis que, dans le Monde, il
n'eſt point de bien de ſi grand vſage, & qui ſe communique ſi vni-
verſellement, qu'vn bon Prince,
ni de mal qui s'eſpande plus au
long, & qui nuiſe dauantage,
qu'vn

qu'vn mauvais Prince; il n'y a point
assez de supplices en toute l'estenduë de la Justice humaine, pour
ceux qui changent ce Bien en Mal,
& qui corrompent vne chose si sa-
lutaire & si excellente. Il vaudroit
beaucoup mieux qu'ils empoison-
nassent tous les Puis, & toutes les
Fontaines de leur Païs : Quand ils
infecteroient mesme les Riuieres,
on pourroit faire venir de l'eau
d'ailleurs, & le Ciel en fourniroit
tousiours quelques gouttes : Mais
il faut boire icy de necessité, soit
de l'eau, soit du venin. Contre ces
maux domestiques, il n'est pas permis de se seruir de remedes estrangers. Nous sommes obligez de demeurer miserables, par les Loix
de nostre Religion, & d'obeïr aux
Furieux, & aux Enragez, non seulement par la crainte, mais aussi
par la conscience.

C'est pourquoy, puis que les
personnes des Princes, quels qu'ils
soient,

soient, nous doiuent estre inuiola-
bles, & saintes, & que les chara-
cteres du doigt de Dieu font vne
impreſſion, qu'il faut reuerer, ſur
quelque matiere qu'elle ſoit gra-
vée; tournons noſtre haine contre
leurs Flateurs, qui nous jettent,
dans ces miſeres ſans reſſource:
Prenons nous en aux mauvais
Conſeillers, qui nous donnent les
mauvais Princes, & qui excitent
les Innocens à tüer, & les Meurtriers à bruſler les Temples. Car
en effet leurs auis pernicieux en-
cheriſſent touſiours, ſur les reſo-
lutions qui ont eſté priſes. Leurs
Maximes de feu & de ſang aſſeurent & fortifient la Malice, quand
elle eſt encore craintiue & douteu-
ſe. Ils aiguiſent ce qui ſouppe; Ils
precipitent ce qui panche; Ils en-
couragent les Violens, quand ils
courent à la proye: Ils eſchauffent
les Auares, apres noſtre bien, & les
Impudiques, apres nos femmes.

K   Que

Que s'ils rencontrent des natu-rels peu fufceptibles de ces fortes des paffions, & eloignez en pareil degré du Vice, & de la Vertu; S'il leur tombe, entre les mains, de ces Princes doux, qui n'ont ni pointe, ni aiguillon, & qui ne fçau-roient fe porter au mal, parce qu'ils ne fçauroient remüer, de fa place, leur inclination pareffeufe : Alors encore pis, pour les Peuples, qui ont à viure fous eux : Car, abufant de la fimplicité d'vn Maiftre faci-le, & de l'auantage que leur efprit a fur le fien, ils regnent eux-mef-mes à defcouvert; Et ne le gar-dant que comme le Droit, & le Tiltre de leur iniufte Domination, ils adiouftent à la pefanteur de la Tyrannie, la honte qu'il y a de la fouffrir d'vn Particulier.

Vous ne fçauriez vous imaginer les rufes & les artifices, dont ils s'auifent, pour en venir là, & pour s'affuiettir tout-à-fait le Prince.

Prince. Premierement la methode eſt de le piquer de gloire, en l'e-
ſtabliſſement de leur fortune. Ils
luy font entendre, par diuerſes
Sarbatanes, que ſes Predeceſſeurs,
qui n'eſtoient pas plus puiſſans
que luy, ont bien fait de plus
grandes Creatures ; Qu'il vaut
beaucoup mieux eleuer des Gens
nouveaux, qui n'ont point de dependance, & qui ne tiendront
qu'à ſa Majeſté, que de ſe ſeruir
de Perſonnes de bonne naiſſance,
& de probité connuë, qui ont
deſia leurs affections, & leur Parti : Qu'il y va de ſon honneur, de
ne laiſſer pas ſes Ouvrages impar-
faits ; de trauailler à leur embel-
liſſement, apres auoir eſtabli leur
ſolidité ; Qu'il doit les mettre en
eſtat, de ne pouvoir eſtre desfaits
que par luy. Que s'il cede aux
deſirs des Grands, qui ne veulent
point de Compagnons ; & s'il contente les plaintes du Peuple, qui

 eſt

eſt ennemi de toutes les Grandeurs naiſſantes, il n'aura pas à l'auenir la liberté de faire du bien; il ſera contraint d'aſſembler les Eſtats generaux, pour diſpoſer de la moindre Charge de ſon Royaume. Qu'apres tout, il ne peut abandonner vne Perſonne qui luy a eſté chere, ſans condanner la conduitte de pluſieurs années, & rendre vn teſmoignage public, ou de ſon aueuglement paſſé, ou de ſa legereté preſente.

Il eſt certain qu'ayant commencé d'aimer quelque choſe, pour l'amour d'elle-meſme, le Temps adjouſte incontinent noſtre propre intereſt, au merite de la choſe. Le deſir que nous auons que le Monde croye, que toutes nos elections ſont bonnes, apporte de la neceſſité à vne action, qui eſtoit volontaire auparauant. De ſorte que ce qui s'eſt fait, contre la raiſon, ne pouvant eſtre juſtifié que par la
con-

constance, nous ne pensons jamais en faire assez : Et sur cette creance que nous auons , quand nous serions resolus de ne continüer pas nostre affection, il semble que nous sommes obligez de deffendre nostre jugement.

Or si ces considerations peuvent esbranler les Esprits fermes, & font quelquesfois faillir les Sages, il n'y a pas dequoy s'estonner, si elles renuersent aisement vn Prince foible, qui n'vse que de raison empruntée, & qui se laissera tousiours persuader , à vne fort mediocre eloquence , pourueu qu'elle fauorise son inclination.

Le voilà dont engagé , dans l'agrandissement du Suiet qu'il aime : Il n'en parle plus que comme de son Entreprise, & de sa Fin. Le voilà Idolatre , sans y penser : Il adore ce qu'il a fait, & fait comme les Statüaires d'Athenes, qui faisoient leurs Dieux de leurs Ou-

K 3   vrages.

vrages. Ses penſées, qui ne de-
vroient s'occuper qu'à la Gloire, &
n'auoir pour obiet que le ſalut du
Public , aboutiſſent toutes à ce
beau Deſſein. Il luy ouvre ſes coffres, & luy verſe ſes threſors, autant pour faire dépit aux autres,
que pour luy faire du bien. Il luy
a deſia donné toutes les charges de
ſon Royaume , & tous les orne-
mens de ſa Couronne : Il ne luy
reſte plus que ſa propre perſonne,
à luy donner. Ce qu'il fait finale-
ment, auec vne ſi abſoluë & ſi entiere reſignation , qu'il n'eſt point
d'exemple, dans les Monaſteres,
d'vne volonté plus ſoûmiſe , &
d'vn plus parfait renoncement de
ſoy-meſme.

On ne le monſtre que quand
on a beſoin de ſa preſence, pour
authoriſer les conſeils , auſquels
il n'a point eu de part ; & il eſt
content de ne paroiſtre que pour
cela. On l'amuſe à de petits di-
vertiſſe-

vertiſſemens, indignes de ſa condition, & de ſon âge; Mais ſi on
luy bailloit des poupées, pour ſe
joüer, il ne s'en offenſeroit pas.
On luy change tous les jours ſes
Domeſtiques, & il le trouve bon:
On oſte d'aupres de luy tout ce qui
parle, & il ne ſonge point à quel
deſſein : On luy fait vne Cour toute neuve, & il la reçoit : On ruïne
ſous diuers pretextes, ce qu'il y a
d'Eminent & de Vertueux en ſon
Eſtat, & il y preſte ſon conſentement.

Contre les moins endurans, &
les plus difficiles au joug, on employe les armes & la force ouverte : On attaque les Riches & les
Paiſibles, par des Accuſateurs &
des Calomnies. A ceux que les ſervices maintiennent, & dont la fidelité eſt ſans reproche, on donne
des Commiſſions ruïneuſes, ou de
meſchantes Armées, pour aller at-
taquer de bonnes Places , afin
K 4 qu'ils

qu'ils perdent leur reputation, ou qu'ils se perdent eux-mesmes. On chasse les vns, par vn commandement absolu de se retirér; On bannit les autres, par vne Ambassade; Et, en la place de tout tant qu'ils sont, le Courtisan ambitieux met des personnes à sa deuotion, qui ne regardent jamais au delà de leur Bienfaicteur, & s'arrestent à la plus proche cause de leur fortune.

Ainsi le pauvre Prince demeure à la merci, & à la discretion de son Fauori, ne jette pas vn soûspir, dont vn Espion ne luy rende conte, ne profere pas vne parole, qui ne luy soit rapportée. Si bien qu'au milieu de la Cour, il est dans les ennuis de la Solitude. Il ne voit plus rien à l'entour de sa Personne, qui soit de sa connoissance, & n'a pas vne oreille fidele, à qui il puisse dire, *Ie souffre*. Mais aussi il est engagé si auant, qu'il n'y a point de moyen de s'en desdire. L'autre
luy

luy a rendu tout le Monde, ou ennemi, ou ſuſpect, afin qu'il ne ſe
puiſſe fier qu'en luy. Par vne longue poſſeſſion des affaires, dont il
n'a fait part à perſonne, n'y ayant
plus que luy ſeul qui les entende,
& qui connoiſſe l'Eſtat, il deuient
enfin vn Mal neceſſaire, & dont le
Prince ne ſe peut guerir, que par
vn remede dangereux.

De cette façon en pleine paix,
eſtant bien auec tous ſes Voiſins;
ne paroiſſant aucun Ennemi eſtranger, ſur la Frontiere, ſans auoir
donné vn coup d'eſpée, ni s'eſtre
hazardé plus loin que du Palais à
la Ruë, il ſe voit miſerablement
tombé en la puiſſance d'autruy,
qui eſt le pis qui luy pourroit arri-
ver, apres la perte d'vne Bataille.
Le moment malheureux auquel il
a commencé d'aimer, & de croire
plus qu'il ne faloit, l'a reduit à cette deplorable extremité. Et à parler ſainement, la Journée de Pauie

ne fut pas si funeste à François premier, ni la prise de Rome à Clement septiesme. Car si leur disgrace fut grande, pour le moins elle ne fut pas volontaire : S'ils perdirent leur liberté, ils conseruerent, dans leur affliction, la grandeur de leur courage; & s'ils furent faits prisonniers, ce fut d'vn grand Empereur leur Ennemi, & non pas d'vn de leurs petits Suiets. Il n'est point de si miserable, de si sale, de si infame captiuité, que celle du Prince, qui se laisse prendre dans son Cabinet, & par vn des Siens: Il ne sçauroit exercer vne plus lasche patience, ni estre malheureux plus honteusement.

Je dis bien dauantage. Lors qu'vn Roy mange son Peuple, jusques aux os, & qu'il vit en son Estat, comme en Terre d'Ennemi, il ne s'eloigne point tant du deuoir de sa Charge, que quand il obeït à vn autre. La Tyrannie est bien diffe-

rente

rente de la Royauté; Toutesfois elle luy reſſemble beaucoup plus, que
ne fait la Seruitude. C'eſt au moins
quelque forme de Gouvernement,
& vne façon de commander aux
hommes, encore qu'elle ne ſoit
pas la plus parfaitte de toutes.
Mais ſi vn Souverain ſe donne en
proye à trois ou quatre petites
gens, & ne ſe reſerue, ni la diſpoſition de ſa volonté, pour ſuyure
ſes inclinations, ni l'vſage de ſon
eſprit, pour connoiſtre ſes affaires;
En ce cas là, je ne ſçay pas quel
nom luy bailler, & il n'y a point de
plus miſerable Interregne que ſa
Vie, durant laquelle il ne fait rien,
& fait tous les maux qui arriuent à
ſon Peuple.

En cét eſtat là, il eſt mort ciui-
lement, & s'eſt comme depoſé
ſoy-meſme. Ce n'eſt plus que ſon
Effigie que l'on ſert en public, à
qui on rend quelques deuoirs de
parade, & de couſtume; à qui on
fait

fait force reuerences inutiles. On
ne s'attache plus à la Puiſſance legitime & naturelle : On en ſuit
vne autre, qui eſt eſtrangere, &
vſurpatrice; qui eſt née de la premiere, par vne voye violente, &
comme par adultere. On quitte la
Royauté, pour courir apres la Fa-
veur, de laquelle les Arabes diſent, *que c'eſt vne Fille, qui tue bien
ſouvent ſa propre Mere.*

La belle choſe que c'eſtoit, de
voir autresfois vn Roy de Caſtille,
qui n'oſoit aller à la promenade, ni
prendre vn habillement neuf, ſans
la permiſſion d'Alvare de Lune. Il
faloit qu'il obtinſt de luy, toutes
les graces que luy demandoient les
autres : Le plus qu'il pouvoit, c'é-
toit de recommander ſes Seruiteurs
à ſon Fauori, & de faire office
pour ceux qu'il aimoit. La belle
choſe que ce ſeroit, de voir vn
Courtiſan, comme celuy là, qui
reuoquaſt les Elections du Prince,
& re-

& redonnaſt les Charges, que ſon
Maiſtre auroit deſia données ! La
belle choſe, s'il trouvoit mauvais
que ſon Maiſtre vouluſt lire, vne
fois en ſa vie, vn papier, qu'il luy
auroit preſenté à ſigner ; s'il ſe
plaignoit que c'eſt offenſer ſa fidelité, & oublier ſes ſeruices !

Mais ce ſeroit bien vne plus belle & plus excellente choſe, ſi cet
Homme qui regne, dans l'eſprit
du Prince, & qui commande ſou-
verainement à ſes Suiets, obeïſſoit
luy-meſme à vne Maiſtreſſe. Que
ſeroit-ce, ſi l'Amour gouvernoit
la Politique, & ſi la fortune de tout
vn Royaume eſtoit le ioüet d'vne
Femme desbauchée ? Car il eſt
vray que telles perſonnes ſe ſont
moquées eſtrangement de l'authorité des Loix, & de la majeſté
des Empires. Plus d'vne fois elles
ont mis ſous leurs pieds les Couronnes & les Sceptres ; Elles ont
pris leur plaiſir , & leur paſſe-
temps.

temps du violement de la Iuſtice, de l'exercice de la Cruauté, des miſeres & des afflictions du Genre humain.

Laiſſons pour ce coup les Hiſtoires qui font horreur, & qui bleſſent l'imagination par la memoire : Ne parlons point du ſang que ces Femmes ont fait verſer : Supprimons le Terrible & l'Eſpouventable de leurs Tragedies, & ne diſons que ce petit mot de leur belle humeur. Il s'en eſt veû vne il n'y a pas long-temps, montée à vn ſi haut degré d'inſolence, qu'ayant eſté ſollicitée pour quelque affaire, qu'on luy repreſentoit iuſte & facile, afin qu'elle s'y employaſt plus volontiers, elle reſpondit auec vne fierté digne de ſa Nation, & du païs d'où nous ſont venuës les Rodomontades, *qu'elle n'vſoit point ſi foiblement de ſon credit, qu'vn autre pourroit ſeruir en cette occaſion, & faire les choſes iuſtes & poſſibles;*

bles ; que pour elle, elle n'auoit accouſtu-
mé d'entreprendre que les iniuſtes, &
les impoſsibles.

Combien de malheurs, à voſtre
opinion, en ſuite de celuy-là? combien ſe commettent de violences
à l'ombre de cette iniuſte Fortune?
Et le Courtiſan a-t'il vn Valet, qui
ne croye auoir droit de mal-trait-
ter les perſonnes libres, & d'eſtre
impunément outrageux, en alleguant le nom de ſon Maiſtre ? Y a-
t'il des gens aupres de luy, qui pour
le moins ne pillent, s'ils s'abſtien-
nent de tüer ; qui ne vendent ſa
veüe & ſes audiences ; qui ne s'en-
richiſſent que du rebut de ſon auarice, & des ſuperfluitez de ſa Maiſon ?

Cependant le Prince ne peche
point, & ne laiſſe pas d'eſtre le
Coupable : Son ignorance ne luy
peut point eſtre pardonnée: Sa patience n'eſt point vne vertu ; & le
deſordre, ou qu'il ne ſçait pas, ou
qu'il

qu'il endure, luy est imputé deuant Dieu, tout de mesmes que s'il le faisoit. Et partant, auec beaucoup de raison, le Prince, qui a esté selon le Cœur de Dieu, luy demande en termes expres, & dans la ferveur de ses plus ardentes prieres, *qu'il le nettoye des choses cachées; qu'il le deliure des peschez d'autruy.* Ce dernier mot ne veut-il pas dire que les Rois ne se doiuent pas contenter d'vne innocence personnelle, & particuliere; qu'il ne leur sert de rien d'estre iustes, s'ils se perdent par l'iniustice de leurs Ministres?

Et à ce propos, ie ne veux pas oublier vne saillie assez bonne, que fit, du temps de nos Peres, vn Religieux Italien, preschant deuant vn Prince du mesme païs. Estant au milieu de son Sermon, où il auoit traitté du deuoir des Souverains: & s'ennuyant de demeurer trop long temps, dans la these generale, il en sortit tout d'vn coup, par ces paro-

paroles, qu'il addreſſa à celuy qui l'eſcoutoit.

I'ay eu, luy dit-il, Monſeigneur, vne eſtrange viſion la nuit paſſée. Il m'a ſemblé que la Terre s'eſt ouverte deuant moy, & que ie voyois diſtinctement, iuſques dans ſon centre. I'ay conſideré les peines de l'autre Vie, & tout ce terrible attirail de la Iuſtice de Dieu, dont mon imagination n'eſt pas encore bien raſſurée. Parmi les Meſchans des Siccles paſſez, i'en ay reconnu quantité de celuy-ci. Les Calomniateurs, les Meurtriers, les Impies, les Hypocrites y accouroient, à groſſes trouppes, & ſe preſſoient au bord de l'Abiſme. Mais ayant obſerué en leur vie de viſibles marques de leur reprobation, ie n'ay point trouvé eſtrange de les voir arriuez, où ie les auois veû s'acheminer. Ce qui me donna vn eſtonnement extreme, ce fut Monſeigneur, que ie vous apperceus, dans cette malheureuſe foule, qui ſe perdoit ; Et comme tout ſaiſi, & tout interdit que i'eſtois, par la nouveauté d'vne rencontre ſi peu attenduë, ie
m'eſcriay

m'escriay à vostre Altesse ; Est-il possible qu'on se damne, en priant Dieu , & que vous alliez en Enfer, vous, Monseigneur, qui estes le meilleur & le plus religieux Prince du Monde ? Vostre Altesse me respondit là dessus en souspirant , IE N'Y VAIS PAS MON PERE, MAIS ON M'Y MEINE.

La fertilité de cette maticre est si grande, qu'elle nous fourniroit dequoy parler , toute la semaine prochaine. Mais il faut finir auec celle-cy , & conclurre, qu'il y a assez de distance , entre le Souverain & les Personnes priuées , pour les eleuer bien haut, & les laisser tousjours au dessous de luy. *Il est bon que le plus proche du Prince, en soit extremement eloigné : il est à propos qu'il y ait quantité de choses , que le plus aimé ne puisse pas.*

La Iustice souffre la Faueur; nous l'auons auoüé il y a long temps. La Raison ne destruit point l'Humanité ;

nité; ne s'oppoſe point aux affections honneſtes ; ne condanne
point la familiarité, & la confiden-
ce. La Philoſophie, & le Chriſtia-
niſme s'accordent en tout cela
auec la Nature ; & le Fils de Dieu,
quand il s'eſt fait Homme a autho-
riſé tout cela, par ſon exemple.
Qu'il y ait donc vn Fauori, à la
Cour; le Ciel & la Terre le per-
mettent : Qu'il y ait vn Homme,
nous le voulons bien, qui ſoit le
Confident du Prince; Mais qu'il n'y
ait point d'Homme, qui obſede
iour & nuit le Prince; qui ſe l'ap-
proprie, par vne violente vſurpa-
tion; qui voulant auoir, luy ſeul, vn
bien qui doit eſtre à tout le monde,
exerce la meſme iniuſtice, que s'il
cachoit le Soleil à tout le monde;
que s'il fermoit les Temples à tout
le monde.

Que le Prince enuoye, tant qu'il
luy plaira, vne reflexion de ſa
Grandeur, ſur les Suiets, qui ont
trouvé

grace deuant ſes yeux; Qu'il leur communique des rayons de ſa puiſ-ſance: Mais qu'il ne la transfere pas toute entiere, en leur perſon-ne; Mais qu'il ne ſe desface iamais du Globe de la Lumiere: Que ſa liberalité enrichiſſe les Particu-liers, pourueû qu'elle n'appauvriſ-ſe pas ſon Royaume: Que ſes bien-faits decoulent abondamment, en quelque endroits, pourueû qu'il ſoit Maiſtre de la Source.

Voicy la Reſponſe que me ren-dit, ſur ce ſuiet, l'Oracle des Païs-bas, le ſçauant & ſage Iuſte Lipſe, lors que ie le conſultay à Louvain.

Faut-il que le Roy, & celuy qui regne, ſoient touſiours deux Perſonnes differen-tes? Faut-il corriger tous les Edits, & changer vn mot, en toutes leurs dattes? Où il y a de noſtre Regne le dixieſ-me, le quinzieſme, effacera-t'on no-ſtre Regne, pour y mettre noſtre ſer-vitude, ou pour le moins noſtre ſuie-tion? Ce n'a pas eſté l'intention de ce-

luy

luy qui a fondé les Monarchies, qu’on abusaſt ſi Vilainement de la Souveraineté, qu’on la remüaſt ainſi de ſa place; qu’elle ne fuſt iamais, où elle doit eſtre. La Puiſſance Souveraine eſt de la nature de ces choſes, qui ſont à nous de telle façon, que nous ne les pouvons donner à autruy, ni les ſeparer de nous-meſmes. Elle eſt legitime, tant qu’elle demeure dans les mains de ceux qui l’ont receuë de la Loy de l’Eſtat; Mais la meſme Loy veut qu’elle ne puiſſe paſſer d’vne perſonne à l’autre, que par le moyen de la naiſſance, ou par l’election des Peuples. Ici finit la reſponſe de l’Oracle de Louvain.

Nos ſages Predeceſſeurs ont eſté ſages en cecy, auſſi bien qu’au reſte. Comme ils n’ont pas fait la Couronne electiue, en faueur d’eux-meſmes, ils ne l’ont pas voulu rendre proprietaire, en faueur du Roy, ni la luy commettre ſi abſolument, qu’il fuſt en ſa puiſſance d’inſtitüer vn heritier, comme on en voit des Exemples, dans

les

les Histoires des autres Païs: Ils
n'ont pas voulu que le Roy peust
resigner le Royaume à son plaisir,
& à qui bon luy sembleroit; qu'il le
peust leguer en tout, ou en partie.
Mais au contraire, par vne Loy, qui
est de mesme âge, & de mesme force que la Salique, ils ont ordonné
qu'il seroit inalienable, & indiuisi-
ble.

Et les Politiques qui se font le
plus licentiez, ces Docteurs inso-
lens & temeraires, qui ont fait le
procez à leurs Iuges, ayant eu la
hardiesse de toucher, par leurs
Escrits, aux Oints du Seigneur, &
de traitter de la deposition des
Rois; mettent expressement ce cas,
auquel les Suiets ne font plus tenus
de reconnoistre le Prince; *quand luy-
mesme*, disent-ils, *reconnoist vne authorité Estrangere, & se fait Tributaire
de quelqu'vn.* Tant ils ont estimé
toute sorte de suietion, & de de-
pendence, peu compatible aucque

la

la Royauté. Et qu'eſt la Royauté,
adiouſtent-ils, que la vaine magnificence d'vne Feſte, & qu'vne monſtre de Ceremonie , ſi celuy qui
l'exerce a vn Superieur , ou vn
Compagnon ?

Pour moy ie ne vay pas ſi auant.
Ie me contente de dire qu'il y a
quelque choſe de plus noble , dans
la Preſomption, que dans la Foibleſſe ; & que pareils excez ſont
moins à blaſmer que pareils defauts. Ceux qui marchent à l'auanture , dans vn Païs inconnu , & qui
s'attachent trop à leur opinion, valent encore mieux que ceux qui
ſuyvent des guides aueugles, & qui
tombent par docilité. Il y a dans les
Fables, des Heros qui ont eſté Furieux ; Mais il n'y en a point qui
ayent eſté Imbecilles ; On y voit
quelquefois le desbordement de
leurs paſſions , mais il ne s'y parle
iamais de la ſtupidité de leur eſprit.

Que ſeroit-ce en effet, Monſeigneur,

gneur, d'eſtre en meſme temps au plus haut degré des choſes humaines, & au dernier eſtage des hommes; de s'appeller Sa Majeſté, & Son Alteſſe, & de n'auoir rien que de petit & de bas; d'auoir beſoin d'vn Curateur, ſur le Throſne, & d'vn Pedagogue, dans le Conſeil.

Dieux enuoyez ce Mal aux Peuples de l'Aſie.

Mais il faut parler plus Chreſtiennement, & plus charitablement. Finiſſons par vne priere, qui comprenne l'Aſie, comme l'Europe, & qui embraſſe le bien general du Monde. *Deſtournez, Seigneur, de tous les Eſtats vn mal qui eſt cauſe de tant d'autres maux: Ne refuſez pas aux Souverains cet eſprit de commandement, & de conduitte, qui leur eſt neceſſaire, pour gouverner: Donnez leur aſſez d'intelligence, pour ſe bien conſeiller eux-meſmes, ou pour bien choiſir leurs Conſeillers.*

FIN.

AVIS

AVIS PRONONCE',
ET
DEPUIS ESCRIT,
O U

Extrait d'vne Conuerſation, dans laquelle il fut parlé des Miniſtres
& du Miniſtere.

A MONSIEVR GIRARD,
Official, & Archidiacre d'Angouleſme.

VOVS aurez ce que vous
auez deſiré de moy ; car
qui ſçauroit refuſer vn
homme qui demande
de ſi bonne grace ? Quand meſme
cet homme ne ſeroit pas mon parfait Ami, ne ſeroit pas mon Re-
verend Pere en Dieu, ne ſeroit

L   pas

pas le commencement d'vn Ar-
cheuefque, & plus de la moitié
d'vn Monfeigneur ? Quand cet
homme (vn peu de patience, ie ne
fuis pas au bout de la periode)
quand cet homme, dis-je, fi con-
fiderable par fon charactere, & par
fon merite, n'auroit pas fur moy, &
fur mes papiers, le droit que luy
donnent vne affection, & vne fidelité de quarante ans.

Ie vous enuoye donc, Monfieur,
mon AVIS de l'autre iour, LE
FAVORI D'AUGUSTE, de la
derniere reuifion, & LA LET-
TRE A LA REINE DE SUE-
DE. Vous communiquerez tout
cela à Monfieur noftre Gouverneur, puis qu'il cherche du diuer-
tiffement, & qu'il croit en trouver,
dans mes Papiers. Mais vous prie
de l'auertir, que dans L'AVIS rien
n'a efté adioufté à la viue voix. Si
i'y voulois apporter de l'ordre, ie
falfifierois la chofe, qui ne fut point
trait-

traittée methodiquement, & felon les regles de l'Art. La voicy de la forte qu'elle fe paffa, dans la liberté de la Conuerfation, apres la lecture qu'on nous fit du premier & du cinquiefme Difcours D'ARISTIPPE.

Il ne faut pas que le Prince fuyue fes inclinations, quand il faut qu'il choififfe fes Miniftres. Hors d'ici le caprice & les fantaifies : Ailleurs qu'il fe iouë, & qu'il fe diuertiffe, tant qu'il luy plaira. En ces grands Choix, il doit vfer de la feuerité de fon iugement, & y apporter premierement l'indifference de fa volonté. Ce doit eftre vne pure operation de fa raifon, libre & defpouïllée d'amour & de haine.

Apres vne exacte recherche, & vne ferieufe deliberation ; apres s'eftre pleinement fatisfait, fur toutes les difficultez qu'il s'eft fai-

 tes

tes à luy-mesme, & qui luy ont esté faites par autruy; il conclurra *que le loisir de ce Particulier estoit dommageable à la Republique, & qu'elle perdoit autant de temps, qu'il en mettoit à se reposer.* Mais en suite, ayant esprouvé la Personne, qu'il a choisie, & ayant receu les seruices qu'il a esperez; s'il veut faire iustice, il fera de son Ministre son Fauori, & ne luy laissera rien à desirer, de la reconnoissance d'vn Prince obligé. Il est iuste qu'il ne departe pas des honneurs communs à vne vertu extraordinaire; qu'il ne dispense pas ses graces auarement, en vn lieu où le Ciel a versé toutes les siennes.

Mais souvenez-vous, Monsieur, que ie parlois d'Agrippa, & de Mecenas, qui sont morts il y a long-temps; & qui n'ont point laissé de leur Race. Quoy que la Terre soit grande, & que le nombre des Peuples qui l'habitent ne soit

soit pas petit, Auguste n'eust pas
pû trouver , en toute son estenduë, deux meilleurs & plus effica-
ces instrumens des glorieuses Entreprises qu'il meditoit. Il auoit besoin de ces deux hommes, pour l'e-
stablissement de cette Paix eternel-
le, qu'il auoit dessein de donner à
l'Vniuers. Ces gens là luy estoient
necessaires, pour persuader l'obeïssance, aux personnes libres ; pour
faire reuerer ses armes , par les
Vaincus ; pour rendre agreable à
vn chacun, vne Puissance redoutée
de tout le Monde.

Quoy dauantage ? C'estoient
des Amis dignes d'Auguste : Esclairez des plus pures lumieres de
la Sagesse, quand il falloit deliberer ; Bruslans de zele & d'affection, quand il falloit executer les
choses deliberées. Tantost ils sui-
voient les intentions d'Auguste,
tantost ils les preuenoient ; Ils
n'obeïssoient pas seulement à ses

paroles, & à ſes commande-
mens, mais auſſi à ſes ſignes, & à
ſes deſirs. Tout autre qu'eux n'euſt
pû ſouſtenir l'eclat d'vne vertu ſi
viue & ſi agiſſante que la ſienne;
bien loin de la pouvoir appuyer;
de la fortifier, comme ils faiſoient, & de trauailler auec
elle.

N'eſt-il pas vray qu'vn Prince
qui a de pareils Miniſtres, peut
prendre quelques heures de repos,
ſans preiudice du Repos public;
peut deſtendre la contention de
ſon eſprit, ſans que ſes affaires en
pâtiſſent? Ie m'aſſeure que vous en
demeurerez d'accord aueque moy:
mais vous m'auouërez auſſi que
tels Appuis ne ſe trouvent pas en
foule, ſous vn Regne, ni dans vn
Royaume ; non pas meſme dans
L'HISTOIRE, qui embraſſe
pluſieurs Regnes, & pluſieurs
Royaumes. Semblables Aides,
ſont de rares preſens du Ciel. On
a beau

a beau sçauoir choisir ; ces sortes d'elections ne se peuvent pas faire tous les iours. Tous les Siecles ne sont pas si heureux que celuy d'Auguste, *& l'Homme dont le Monde a besoin, n'est pas quelquesfois encor né.*

Il y a des Ames capables de peur (ce fut le second point de nostre Conuersation) Belles ames d'ailleurs, & qui ne manquent pas de lumiere : Mais elles n'ont point de feu, ou il est si mal allumé, si foible & si languissant, qu'il ne paroist point auoir d'action. Ces ames ne sont propres qu'à exercer les vertus aisées; elles ne sçauent agir, que quand elles ne trouvent point de resistance. Pareils Ministres n'ont garde de rien donner au Hazard. Ils voudroient vn Dieu, pour caution, & plus d'vn Oracle, pour asseurance, dans les moindres choses qu'ils

L 4

entre-

entreprennent. Leur Maiſtre peut
auoir du courage ; Mais la timidité
de leurs conſeils emouſſe touſiours
la pointe de ſon courage : Ils le re-
tiennent touſiours, & ne le pouſ-
ſent iamais.

Prenez garde, ie vous prie, à ces
habiles Poltrons, dont Ariſtippe
nous vient de parler: voyez comme
vne nouuelle experience met leur
ſageſſe en deſordre; comme vn ſim-
ple bruit, ſans autheur, & ſans fondement, les iette hors de leur aſ-
ſiette ordinaire. Quelque graues
& diſſimulez qu'ils ſoient, à la premiere alarme, le maſque leur tombe à terre. *On apprend toutes les affai-*
res, ſur leur viſage ; On y lit l'apreſdi-
née les Depeſches, qu'ils ont reçeuës le
matin (nous diſoit vn iour le bon &
ſage Monſieur Conrart.) Quoy
qu'ils taſchent de ſe couvrir; par
vn ſilence contraint, l'émotion de
leur eſprit paroiſt touſiours, dans
le trouble de leurs yeux.

Quand

·Quand noſtre Philippes de Commines apprit, par la bouche du Duc de Veniſe, la Ligue, qui auoit eſté conclûë, contre le Roy Charles ſon Maiſtre, entre la Seigneurie, le Pape, le Roy des Romains, &c. cette Nouvelle, dont il ne s'eſtoit point douté, durant le temps de ſon Ambaſſade, le ſurprit de telle ſorte, s'il en faut croire le Cardinal Bembe, qu'il faillit à perdre ſubitement l'eſprit. Et quand il fut ſorti du Senat, auec vn Secretaire de la Seigneurie, qui auoit eu ordre de l'accompagner, *Mon amy*, luy dit-il, *ie te prie de me redire ce que le Prince m'a dit, car i'ay oublié toutes choſes : ie ne ſçay qu'eſt deuenûë, ni ma memoire, ni ma raiſon.*

Cet Exemple eſt ſingulier, ſoit du Secret gardé, entre tant de Senateurs, & tant d'Ambaſſadeurs, qui auoient traitté la Ligue ; ſoit de la ſurpriſe du Noſtre,

                qui

qui les voyant tous les iours, ne
sentit iamais rien de leur Traitté.
Neantmoins il ne doit pas perdre, pour cela, la bonne reputation, qu'il auoit meritée d'ailleurs.
Vn coup de foudre, en temps se-
rain, peut estonner vn homme,
qui ne songe pas à la tempeste.
Mais il y a des hommes, & i'en
ay connu quelques-vns, à qui tous
les bruits sont des coups de foudre, & qui s'estonnent de tout.
Il y a des gens que la confiance,
& le desespoir prennent & laiss-
sent plusieurs fois, en vn mesme
iour.

Vne si vilaine agitation, & si
messeante à la dignité du Sage (ie
parle du Sage du Monde, & non
pas du Sage des Stoïques) est bien
eloignée de cette egalité d'esprit,
qui doit paroistre dans les diuers
changemens des choses humaines ; dans le flux & le reflux de la
Cour.   Ce n'est pas la constance
qu'il

qu'il faut tefmoigner, parmi les legeretez & les bizarreries de la Fortune. Le Pilote tremblera-t'il, & pâlira-t'il, à la premiere vague qui s'eleuera, laiffera-t'il tomber de fes mains le gouvernail? Quitera-t'il fa place; Abandonnera-t'il le vaiffeau, à la tempefte, fi elle ne ceffe pas fi toft qu'il le veut?

Il peut arriuer vne funefte nouvelle, qui caufera vn eftonnement vniuerfel. On criera, par tout, que tout eft perdu; On viendra dire, qu'Annibal eft aux portes de la Ville; qu'vne Prouince s'eft reuoltée, & qu'vne autre branle. En cette confternation publique, le Miniftre s'iroit-il cacher, au fond du Palais, pour pleurer les miferes de l'Eftat, & faire des vœux, aueque les Femmes? Au contraire, s'il me croit, il fe fera voir dans les Places, & aux autres lieux plus frequentez: Il fe prefentera,

sentera, par tout, à la mauvaise Fortune ; & parce qu'il ne
craindra point, il meritera d'e-
stre respecté. Vn Poëte a dit plus
que moy, *Meruitque timeri non me-*
tuens.

Ni l'audace des mauvais Suiets,
ni la foiblesse des gens de bien, ni
les murmures du Peuple ignorant,
ni les discours qu'il entendra, de sa
chambre, de ceux qui parieront sa
perte, dans sa basse-cour, ne seront
pas capables de troubler cette serenité de visage, qui derive au dehors de la paix, & de la tranquillité du dedans.

Il rasseurera, par sa bonne Mine, les Cœurs Effrayez. Il se tien-
dra droit sur les ruines, qui fon-
dront sous luy. Il ne desesperera
point de la Republique : Mais con-
siderant, *qu'on se trompe aussi bien dans*
le desespoir, que dans l'esperance, & que
les maladies dont ont meurt, & celles
dont on guerit, ont le mesme commen-
cement;

cement ; apres auoir employé, en celle-cy, tous les remedes poſſibles, & n'auoir rien oublié des ſecrets de l'Art, il ſe jettera, entre les bras de la Prouidence, & recommendera à Dieu les affaires : Je tiens encore cecy du bon & ſage Monſieur Conrart.

Il faut bien que cette aſſeurance, parmi des Eſtonnez, & ce calme dans l'orage, procede de la forte conſtitution de l'Ame, qui n'eſt point ſuiette aux deſordres qu'excitent les paſſions, & ne branle point, de quelque impetuoſité que la Fortune la choque: Mais quoy que puiſſent dire les Barbares de la Cour, ou ſi vous aimez mieux les nommer, les Courtiſans ennemis des lettres, l'eſtude de la Sageſſe n'eſt pas vn ſecours inutile à la Magnanimité, & au Jugement.

La veritable, la bonne Philoſophie,

ſophie, car il y en a vne fauſſe, &
vne mauvaiſe, nous rend la Mort
familiere par vne frequente Meditation : Elle nous oſte la peur,
& nous diminuë le mal : Elle
nous apprend que les ſeules fautes que nous faiſons, ſont les ſeuls
malheurs qui nous arriuent; & que
la conſolation que reçoit vn homme, qui ne perd point, par ſon
imprudence, mais par l'infideli-
té d'autruy, eſt preferable aux
bons ſuccez de celuy qui gaigne;
par ſon crime, & non pas par ſa
vertu.

Le Miniſtre dont vous-vous
imaginez que j'ay fait le POR-
TRAIT, mais que je le garde
dans ma caſſette, eſtant appellé
au Gouvernement, en ces temps
faſcheux, ſe doit appuyer ſur ces
principes : Il doit paſſer, de la
Philoſophie des paroles, à celle
des actions : Vn accident impre-
veû ne renuerſera point ſes regles,
                      & ſes

& ſes maximes ; parce qu'il n'y aura point d'accident, qu'il ne pre-
voye, & qu'il ne ſente venir de
loin. Il n'apprehendera, ni le danger de ſa perſonne, ni la ruïne de
ſa fortune ; Il n'apprehendera que
le blaſme, & la mauvaiſe reputation : Et quoy que la Prudence
ſoit vne vertu, principalement oc-
cupée à la conſeruation de celuy
qui la poſſede, la Prudence n'em-
peſchera pas qu'il n'y ait pluſieurs
Biens, qu'il eſtime dauantage que
la Vie.

Mais quand les choſes s'adou-
ciront, & que le Temps ſera de-
venu moins mauuais, il ne s'endormira pas, pour cela, dans la
bonace, ni ne ſe relaſchera de ſa
premiere vigueur. Noſtre Sage
ira au deuant de tous les Deſordres, non ſeulement auec des yeux
vifs & penetrans, mais auſſi auec
vn cœur ferme & intrepide. S'il
voit paroiſtre quelque ſigne de
change-

changement, & le moindre pre-
fage de Guerre ciuile, il tafchera
d'eftouffer le Monftre, auant qu'il
foit né. On aura beau luy reprefenter les inconueniens qui le menacent, en fon particulier, s'il fe
veut oppofer à la Faction naiffan-
te, il paffera, fur toutes les confi-
derations, qui arreftent la plufpart
des autres Sages, & fongera feulement à faire fon deuoir, fans fe
foucier auec combien de peril il le
fera.

Quand il y aura, ou vn Fils, ou
vn Frere de Roy, qu'on voudra
porter dans les broüilleries, il n'ai-
grira point ce Fils, ou ce Frere;
mais il le flatera encore moins. Il
donnera des confeils au Pere, ou
au Frere aifné, qui ne feront, ni timides, ni crüels. Et fi on tafche
d'eloigner de luy l'affection de ces
jeunes Princes, il aimera mieux
les feruir, fans qu'ils luy en fça-
chent gré, que de leur plaire, en

les

les defferuant : Il ne regardera pas tant, à ce qu'ils fembleront vouloir alors, qu'à ce qu'ils voudront à l'auenir ; ni tant aux interefts d'autruy, dans lefquels on les embarque, qu'à leurs vrais & naturels interefts, qui ne peuvent eftre feparez de ceux du Roy, & de la Couronne.

De cette forte il entreprendra la Caufe publique, auec vne probité courageufe, & ne tefmoignera pas de zele indifcret : Sa force fera, fans rudeffe, & fans afpreté: Sa fidelité pour fon Maiftre fera, fans haine pour le Frere, ou pour le Fils de fon Maiftre. Il apportera vne hardieffe refpectueufe, & pleine de modeftie, en des occafions où les autres gafteroient tout, par leur violence, ou par leur molleffe. En tout cas, comme il a efté dit d'abord, il faut qu'il foit refolu, au pis qui luy fçauroit arriuer. Que pour fauver l'Eftat, il

foit

soit prodigue de soy-mesme, cet
Homme du Roy ; Qu'il ne s'en-
gage pas simplement , dans vne
action hazardeuse , & dont l'euenement puisse estre douteux ; mais
qu'il se deuoüe à vne mort asseu-
rée , si le seruice de son Maistre
l'exige de luy.

C'est cette qualité si necessaire
au Ministre, *d'aimer la Personne du
Prince, aussi bien que son Estat.* L'vne
& l'autre passion doit egalement
posseder son ame, & l'vne , sans
l'autre , est deffectueuse. Nous
allasmes plus auant ; & apres
auoir respondu à ce qui fut alle-
gué de l'Histoire de Daubigné,
sur le suiet des Ducs de Joyeuse,
& d'Espernon , je reuins ainsi à
nostre matiere.

On a dit autresfois , de deux
Macedoniens, *que l'vn aimoit
Alexandre , & que l'autre aimoit le
Roy.* Il n'est pas bien de partager
vne

vne chofe, qui doit demeurer entiere. Pourquoy feparer le Roy
d'auec Alexandre, & mettre en
pieces ce pauvre Prince ? Cette
diuifion eft violente, & outrage la
Nature. C'eft coupper vn corps
en deux. Les interefts du Roy font
infeparablement vnis à ceux de
l'Eftat : Et je vous auoüe, que je
ne puis approuver la baffeffe du
Cardinal de Birague, qui difoit ordinairement, *Ie ne fuis pas Chancelier de France*; *Ie fuis Chancelier du
Roy* : Il pouvoit adioufter; *& de la
Reine fa Mere*, de laquelle il eftoit
Creature. Pour ne rien dire de pis,
il me femble qu'il ne doit point
eftre loüé de ce mauvais Mot.

Les bons Princes proteftent
eux-mefmes *qu'ls font à autruy, &
qu'ils fe doiuent à la Republique*. A
plus forte raifon luy doiuent ils les
Magiftrats, & les autres Officiers.
Ils n'ont donc garde de donner
& d'ofter en mefme temps vne
mefme

mefme chofe: Ils ont l'ame trop noble, pour eftre capables d'vne fi vilaine auarice. Se repentiroient-ils de leur liberalité? Voudroient-ils reprendre en fecret, vn Prefent qu'ils ont fait folennellement à tout le monde? J'appelle ainfi l'adminiftration de la Juftice, les bons Juges, & les bonnes Loix.

Sans doute, cet Homme de Milan contoit la France pour rien: Il ne pouvoit pas luy mieux faire voir, que par là, qu'il eftoit Eftranger, & qu'elle luy eftoit indifferente. Mais n'en defplaife au Cardinal de Birague, le Miniftre aimera tout enfemble le Roy & l'Eftat. Et, s'il aime encore quelque autre chofe, fes fecondes affections fe rangeront toufiours, fous la fuiction, & fous les ordres de la premiere.

S'il fe marie, il ne prendra point d'alliance, qui foit fufpecte à l'Eftat, & qui donne de jaloufie au Prin-

Prince. Mais c'eſt trop que cela:
Il renoncera à ſa Patrie; Il rom-
pra toutes les chaiſnes de la Nature ; Il ſacrifiera tout au bien de
l'Eſtat , ſi le bien de l'Eſtat le
deſire ainſi. Il fera voir que dans
vne Monarchie il peut y auoir vn
jeune Brutus , qui prefere ſon de-
voir à ſes Enfans , & les ſçait perdre, quand il eſt beſoin, pour le ſer-
vice du Roy. Ce ſera vn autre
Marquis de Piſani , qui dit vn jour
ſur le ſuiet de ſa Fille vnique ; de
cette Fille, qui a eſté depuis, &
qui eſt encore auiourd'huy , la
merueille de ſon Siecle , *Si je ſça-
vois qu'apres ma mort , elle deuſt eſtre
femme d'vn homme, qui ne fuſt pas ſer-
viteur du Roy, je l'eſtranglerois , tout à
cette heure, de mes propres mains.*

Mais ſi le Miniſtre n'eſt point
marié, & s'il garde meſme conti-
nence, ce ſera vn auantage aux Affaires de ſon Maiſtre, encore plus
aſſeuré, & ſuiet à moins d'inconueniens.

niens. Ce ne sera pas peu que celuy qui doit perpetuellement agir, soit du courage, soit de l'esprit, ne connoisse point les voluptez defenduës, qui ont abruti tant de Sages, & mené tant de Victorieux en triomphe : Mais la bonne chose qu'il n'ait pas mesme de legitimes passion, qui amusent pour le moins, & diuertissent, si elles ne desbauchent, & ne corrompent. Les soins domestiques, qui vsurpent tant de temps, sur les affaires, n'emporteront pas vne heure de ce Ministre. Il ne pensera point à la durée de sa Famille ; Il n'aura de pensée que pour l'eternité de l'Estat. Son affection qui eust esté divisée entre vne Femme, des Fils, & des Gendres, qui se fust ecoulée en d'autres suites, & d'autres dependances du Mariage, & dont la moindre partie fust venüe à son Maistre, sera vnie & ramassée en ce seul Obiet. Son Ame, estant

vuide

vuide des petits soins, se remplira
toute de ceux du Public, &c.

Apres quoy, il ne sera point
en peine de chercher des
Langues venales, & des Plumes
mercenaires. Il sera bien mieux
loüé, par la Voix publique, que
par celle des Particuliers. Ce ne
seront pas quelques Orateurs af-
famez, & mendians; quelques
Poëtes crottez, & mal vestus, qui
diront du bien de luy : Ce seront
des Prouinces entieres, soulagées
de Tailles, & de Subsistances : Ce
seront de grandes & bonnes Villes, conseruées dans leurs anciens
Priuileges. Les Benedictions, les
Applaudissemens le suyuront par
tout. On l'appellera, en mesme
temps, le Port des Miserables,
& l'Escueil des Violents; la Con-
solation du Peuple, & l'effroy des
Estrangers, à cause qu'il les met-
tra à la raison, par sa prudence,
& ne

& ne les offensera pas, par sa vanité.

Ainsi les Ennemis de l'Estat ad-
mireront la Vertu, dont ils auront
suiet de se plaindre. Et que ne
donneroient-ils alors pour vn
Homme, qui leur donnera tant
de peine ? De combien de leurs
Millions voudroient-ils acheter
nostre Ministre ? Quelles pro-
messes, quels artifices n'employe-
roient-ils, s'il y auoit moyen, je ne
dis pas de le desbaucher tout à
fait, mais de l'adoucir le moins du
monde ? Il n'est rien qu'ils ne fissent, pour amollir la fermeté de
ce cœur, & pour empescher cette
bouche, de dire la verité. Mais
celuy qui croit posseder *la source des
Perles & la racine de l'Or*; Ce Roy
qui se vante, d'auoir le prix de
toute chose, en ses coffres, n'est
pas assez riche, pour payer seulement le silence du Ministre, que je
me figure.

Nostre

Noſtre Conference finit par vne
Digreſſion, qui ne fut pas deſa-
greable à la Compagnie, & par
deux Exemples, qui ſont bien eloignez l'vn de l'autre, mais qui tous
deux vous plûrent également. Il
ne faut pas que j'oublie ce dernier
point de L'Avis de l'autre jour.

Vne Femme & des Enfans ſont
de puiſſans empeſchemens,
pour arreſter vn Homme, qui
court à la Gloire. Quiconque en
a, a baillé des gages à la Fortune,
& n'entreprend rien qu'auec rete-
nuë, de peur de perdre ce qu'il a
baillé. La triſte repreſentation du
deüil de ſa Veufue, & du bas âge
de ſes Enfans, luy paſſe continüel-
lement, deuant les yeux; Elle entre en toutes ſes deliberations. Et
quand ſon eſprit s'eſchappe, par vn
mouvement genereux, cette ſeconde penſée vient incontinent,
qui le remet, dans le train ordinai-

re

re des ames communes. Il ne marche à la Campagne , que selon
qu'on luy fait signe de la Cour : Il
leue le siege de deuant vne Place,
qui n'en peut plus , pour obeïr aux
ordres secrets qu'il a receus de sa
Femme. Dans les plus honnora-
bles occasions,il regrette la fumée
d'Ithaque : il souspire l'absence de
Penelope : Il prefere les rides d'v-
ne Vieille , qui l'attend au logis , à
l'Immortalité qu'on luy promet,
s'il veut demeurer à l'Armée.

Cet Homme qui s'est marié,est
deuenu vn autre dans le mariage.
Auparauant il croyoit que c'estoit
pieté , de se hazarder , pour la Patrie ; & il croit à cette heure que
c'est cruauté , de ne se pas conser-
ver , pour sa Maison. Il ne songe
plus à la Vertu , parce qu'il ne la
peut pas laisser,par son Testament:
Il ne se soucie que des Richesses &
des Charges,qui peuvent passer de
luy aux Siens;pour lesquels il a des

desirs

deſirs ſi dereglez, & vne ambition ſi aueugle, qu'il ne connoiſt plus, ni Dieu, ni Roy, & ne s'arreſte, ni aux Autels, ni aux Throſnes, quand il s'agit de leur intereſt.

Si Stilicon n'euſt point eſté marié, ſa fin euſt eſté auſſi heureuſe, que la premiere partie de ſa vie auoit eſté eclatante. L'Empereur Theodoſe, à qui il auoit rendu de tres-vtiles, & de tres-ſignalez ſervices, le jugea digne de ſon Alliance, & luy donna en mariage ſa niepce Serene, qui eſtoit ſa Fille, par adoption. Il receut depuis, vne ſeconde marque de Grandeur, & eut l'honneur d'eſtre Beau-pere de l'Empereur Honorius. Mais il luy ſembla peu que ſa Fille fuſt Imperatrice, ſi ſon Fils eſtoit cependant Suiet de ſa Sœur, & demeuroit perſonne priuée. Le malheur voulut qu'il eut ce Fils, & qu'il aima ce Fils plus que ſon deuoir. Eucherius fut cauſe que Stilicon mou-

rut

rut Criminel de Leze Majesté, &
Ennemi de l'Estat; quoy qu'auparauant il eust esté Tuteur du Prince, & Protecteur de l'Estat; quoy
qu'il eust deffendu l'vn & l'autre,
contre les trahisons de Ruffin, &
les entreprises des Barbares.

Le Prince d'Orange Maurice
n'estoit pas vn homme commun, & ses actions meritent bien
d'estre regardées. Particulierement, il est à considerer (ces reflexions sont d'vn Academicien
d'Italie) qu'encore qu'il fist profession d'vne Secte, qui ne permet
pas seulement le mariage, mais qui
l'ordonne, & qui le commande, il
n'a jamais neantmoins voulu se
marier. Soit qu'il ait crû qu'il ne
feroit pas des Enfans, qui luy res-
semblassent, soit qu'il ait apprehendé que, s'il en auoit, la consideration de leur fortune le pourroit porter à entreprendre quelque

que chofe, au preiudice de la Liberté publique; foit qu'il n'ait pas
voulu partager fon affection, qu'il
penfoit d'euoir toute entiere à fa
Patrie.

Voilà à peu pres mon AVIS
de l'autre jour. Puis que vous
n'auez pas trouvé bon qu'il fe per-
dift, en l'air, auec le fon des paroles, & que Monfieur noftre Gouverneur ne fera pas fafché de le
voir, fur le papier, vous m'oblige-
rez de le luy porter, & de luy en
faire, de ma part, vn petit prefent.
Si i'eftois en eftat de fortir, je vous
foulagerois de cette peine, & vous
efpargnerois vne harangue. Mais
je fçay que les peines, que vous
prenez, pour moy, vous font douces, & que les harangues ne vous
couftent gueres.

Ce n'eft pas d'auiourd'huy, mon
cher Monfieur, que je m'explique
mieux, par voftre bouche, que par

la

la mienne. Vous auez esté plus
d'vne fois mon Ambassadeur (je
me sers de vos termes) soit aupres
de Monsieur le Mareschal d'Effiat,
soit aupres de Monsieur le Com-
te d'Auaux : Vous vous estes fait
escouter chez ces bons Seigneurs,
& m'y auez fait valoir d'vne estrange sorte. Passons plus auant dans
nostre Histoire. De ma confiden-
ce vous estes entré , en celle de
Monsieur l'Archeuesque de Thou-
louze , & de Monsieur l'Euesque
de Lysieux. Vous leur promettiez
de mes Lettres, pour m'obliger de
leur en escrire, & ils ont esté au
deuant de vous, quand ils ont sçeu
que vous en auiez , à leur donner.
Auant qu'il se parlast de Jansenius,
& des Jansenistes, Monsieur l'Abbé de saint Cyran vous appelloit
mon Aurore : Il vous receuoit à bras
ouuerts , & vous auez tousiours
esté bien traitté des autres Illustres de nostre Siecle. Celui-cy à
mon

mon auis , ne vous traittera pas moins fauorablement que ceux là. Il a befoin de fe diuertir, & vous viendrez , pour cela , tout à propos. Apres tant de fafcheufes affaires , & tant de triftes obiets, dont noftre Province a efté remplie , depuis quelque temps , il pourra fe delaffer l'efprit , & fe refioüir les yeux , fur les Crayons que vous luy mettrez entre les mains.

Pour le PORTRAIT que vous luy auez promis, c'eft vne autre chofe. Il n'a garde d'eftre dans ma caffette , comme vous-vous imaginez. Il eft encore dans l'Idée du Peintre , & par confequent il feroit difficile que vous puffiez vous acquiter de voftre promeffe. Pareilles pieces demandent du loifit, & de la meditation. Vn vieux Artifan, comme moy, a quelque honneur à perdre , & doit auoir foin de conferuer la bonne opi-

M 4 nion

nion qu'on a de luy : Il doit re-
specter le jugement du Public, & il
n'abuser pas des faueurs qu'il en a
receuës. Je ne veux plus peindre,
mais je veux encore moins bar-
boüiller.

F I N.

TABLE

DES

Matieres, & des Choses plus
remarquables, conte-
nües dans

ARISTIPPE.

A

B *de*

D

De-

La

De

qui

de la

L.

M.

l'Occa-

N

Dans

Char-

　　　　　　　Saillie

Ils

de

Stilicon

T *de la*

T

F I N.